峰值体验

影响用户决策的关键时刻

汪志谦　朱海蓓　著

中信出版集团 | 北京

图书在版编目（CIP）数据

峰值体验：影响用户决策的关键时刻 / 汪志谦，朱海蓓著. -- 北京：中信出版社，2021.1（2025.12 重印）
ISBN 978-7-5217-2304-5

Ⅰ. ①峰… Ⅱ. ①汪… ②朱… Ⅲ. ①营销管理 Ⅳ. ①F713.56

中国版本图书馆CIP数据核字(2020)第188244号

峰值体验——影响用户决策的关键时刻

著　　者：汪志谦　朱海蓓
出版发行：中信出版集团股份有限公司
（北京市朝阳区东三环北路 27 号嘉铭中心　邮编 100020）
承 印 者：三河市中晟雅豪印务有限公司

开　　本：880mm × 1230mm　1/32　　印　　张：8.5　字　　数：106千字
版　　次：2021年1月第1版　　印　　次：2025年12月第15次印刷
书　　号：ISBN 978-7-5217-2304-5
定　　价：49.00元

目 录

推荐序一 / 徐晓亮 III
推荐序二 / 脱不花 VII
序言 XI

第一篇 洞察

第一章 视角决定世界，关键时刻建立消费者认知 003
第二章 峰终定律与三个黄金时刻 012
第三章 如何通过体验设计，创造出翻番的利润 019
第四章 消费者在想什么？MOT 三元素与三种人 045
第五章 你期待消费者做的事 MOT 的四维度与企业的侧重点 062
第六章 如何让消费者做出你期待的事 系统 1 引领的体验设计观 086
第七章 消费者到底在买什么 消费者的角色与情感需求 108
第八章 如何挖掘 MOT 126

第二篇

落地

第九章 产品到底该卖给谁？我的战场在哪里？ 145

第十章 如何选择 MOT 做对的事：峰值体验来自其他体验的压平 164

第十一章 怎样选择信息 178

第十二章 你就是一个成功的导演，要完成品牌轮的布局 197

第十三章 魂体合一，做出精彩的体验设计 209

第十四章 没落地一切都白搭 MOT 的落地与商业模式 231

第十五章 人生的关键时刻 246

结语 249

推荐序一

生活中我们时常会碰到一种情况，陪孩子或家人在游乐园坐过山车往往需要排队，而且很可能是一到两个小时的漫长时光，但最终玩儿的时间只不过一两分钟。然而在这个过程中，我们大都只会对从顶端往下俯冲的刺激以及最终结束时产生的兴奋感记忆犹新，至于之前排队的事情可能早就抛之脑后，这其实就是行为经济学大师丹尼尔·卡尼曼所说的“峰终定律”。

作为一名企业管理者，如何利用“峰终定律”来找到影响用户决策的“关键时刻”，创造峰值体验并影响他们的购买行为和消费决策，进而帮助公司提升业绩是我一直在思考的问题。

前不久获赠汪老师新书《峰值体验》，承蒙抬爱让我为书作序，实不敢当，然盛情难却，只好硬着头皮应了下来。一本深入浅出、鞭辟入里又不乏很多生动案例的佳作，一气读完，感慨良多。

书中，汪老师用“一见就进、一进就买、一买再买、一传千里”来形容一个完整且成功的品牌营销流程，这背后其实就是商业运营非常关注的进店率、转化率、复购率和推荐率的问题，每个环节都有 MOT（关键时刻），都能影响到用户的决策，而企业要做的就是了解“爱你的人、不爱你的人和喜欢你的人”，进而找到 MOT，从核心用户圈层（BTA）出发打透打穿，即“以 1 厘米的直径打到 1 万米的深度”，最终影响更多的目标受众，完成一整套营销流程。从洞察到落地，书中详尽地为我们剖析了有关如何打造峰值体验的方法论。**如果把这本书或者这套理论当作一个产品或一家“门店”，我想在“进、转、复、推”四个环节它都做到了名副其实的“峰值体验”。**

首先，一眼看到这本书的名字就足够抓人眼球，特别是“影响用户决策的关键时刻”直接点中所有管理者在企业经营尤其是用户经营上的痛点。的确，当下的社会信息传递极快，更新频率极高，用户每天都在接受无数的信息，没办法对每一条信息都做出及时的反馈，企业和品牌在日常经营的过程中如何用最少的信息在最关键的时刻精准地触达用户，并且左右用户的决策是一个巨大的考验。复星作为一家布局全球的家庭消费产业集团，旗下有非常多 To C 的消费品，我们太需要有专业的人告诉我们如何为用户经营破题，如何让流量成为留量并形成裂变，所以说**封面短短几个字就足以让我“一见就进”**。

何为“一进就买”？也就是品牌或商家如何用 7 秒让好不容易进到门店或网店的用户感受到这个产品如何优秀，并逐步信任。这里面的“套路”就显得十分重要，而套路的背后蕴含着很多心理学、行为经济学的理论基础，比如“锚定效应”“禀赋效应”等等。那么这本书以及背后的这套理论是**怎么做到让人“一进就买”的？答案是成功的实践案例，华航经过一番针对峰值的体验设计后，一年后净利润扭亏为盈，增长 10 倍，这样的体验设计案例在书中不胜枚举**。正因为有这些成功的案例参照，我们和汪老师合作进行体验设计，也就有了后来老庙景容楼的精彩“重生”。

现在的景容楼已经成为老庙的文化旗舰店，五运门、黄金树、黄金广场成为上海豫园的网红打卡地，很多人逛完景容楼自发地将其称为“好运楼”，正如书中所言“广告语我们一个字都没有写，但好运这个信息已经进入消费者的内心”。这正是我们所需要的咨询服务，在这次合作中我们**形成了对峰值体验设计理论的一个认知——“这钱花得值”**。正因如此，BFC（外滩金融中心）的同学们在汪老师的带领下一起寻找到了属于BFC用户的“MOT”，**在第一次成功的合作后，BFC和真观在2020年展开了跨全年度的第二次合作，这不就是“一买再买”吗？**

而在“进店、转化、复购”三个环节都有了成功的峰值体验后，“一传千里”水到渠成。

未来我们会继续借鉴学习这一套理论，更好地帮助我们服务用户，让全球每个家庭生活更幸福。

我也相信，《峰值体验》一书正式出版后，也一定会“一传千里”，让更多企业受益，为更多用户提供更好的峰值体验！

徐晓亮

复星国际执行董事 & 联席 CEO

推荐序二

话说，我们汪志谦老师啊——原谅我，忍不住这么说：汪先生是一位哪怕你只见过一面，也忍不住会称呼“我们汪老师”的人。没错，就是这么有掌控力。他的气场，很神奇。我相信，这一定是因为他把和每个人的“第一次见面”都当作一个关键时刻进行了体验设计。

我当然不止一次见过汪先生。他在得到App开设的《MOT体验设计课》非常受欢迎，有很多创业者以每天给汪老师写一篇千字“小作文”的热情，跟随他学习和演练。我到各地出差，也遇到不少银行业、服务业的高管向我表示感谢，说在得到上学了汪老师的课，立即就用在了自己的业务上，取得了很好的成果。有点儿惭愧，这都是汪先生的功劳，得到只是有幸把他请到了学习者的面前。这么好的老师，早该被更多的人知道。

汪先生讲课精彩、洞察犀利，我自己作为他的学生之一，最大的感受是：净说实话。

比如，做企业的，总是会高喊："全面改善！整体提升！不放过任何一个细节！"听着没毛病啊，对吧？

但是汪先生说：对不起，你做不到。因为我们手里的资源永远是有限的，整体提升，我们付不起那个成本。更重要的是，消费者感知不到。世界上的信息越来越多，消费者注意力越来越短，每天消费者能分给每家公司的时间可能就几秒钟。你指望在一瞬间让消费者感受到你的"面面俱到"？对不起，不可能。太扎心了。战斗还没打响，有的人就已经输了。

那赢家是怎么做的呢？他们会找准一个城墙口，持续地发起冲锋，撕开一个口子，把所有的火力都集中到那里，然后长驱直入，直到最终胜利。

在汪先生的MOT体验设计体系里，我们就是要找到影响消费者决策的那些真正的瞬间，进行艰难的取舍——没错，真正的体验设计，是做取舍。取舍即战略。

我很喜欢汪先生那句话：洞察是解码人心，落地是编码植入。连起来，就是“汪志谦体验设计系统”。

这个系统，不仅仅有理论模型，更重要的是有落地的方法论。我在得到的课程留言里看到有人说：“每节课我都听了不下三遍，而且为合伙人买了课程，一起学。”还有人说：“汪老师的体验设计课，就是商业杠杆中的那个支点，掌握它，可以撬动市场。”

我最喜欢的是这样一条留言：“这是一门帮我们走捷径的课，为什么呢？因为，少走弯路就是捷径啊！”

这么多创业者自动为汪先生的课“代言”，说明他们真的受益良多。

所以，翻开这本书，每一个章节，你都会有收获。请注意，这不仅仅是一种观念上的收获，而且是一条条可以立即落实在自己工作流程中的打法。所以，我对于怎么阅读这本书有一个建议，就是别自己闷头读，最好给你全团队的同事都送上一本，然后大家约定一个节奏一起读。读完一个章节，一起坐下来，结合自己业务的实际情况进行讨论。我相信，等你们读完这本书的时候，你的业务可能已经开始发生改变。你对于市场的“击穿”能力，会得到可见的提升。相信我，没错的。

最后，我还有一个建议，那就是无论你身在何处，在拥有这本书之后，你都要给自己定一个新目标：带着这本书，尽快参加一次汪老师的线下课程，来面对面地结识“我们的汪老师”。因为他讲课实在太精彩了，读他的书、学他的线上课、带着自己的挑战当面向他请教，海陆空结合，你也会赢在自己的“关键时刻”。

脱不花

得到 App 联合创始人 &CEO

序言

撰写本书之时，正值新冠肺炎疫情席卷全球，我们认知的世界正在经历结构性震荡。病毒横扫200多个国家和地区，全球确诊人数破千万，各国疆界长期封闭、制造业供应链断裂、远距离工作成为常态，我们甚至目睹了美国股市在10天内熔断四次，原油期货价格史无前例地跌至负值。

这些天翻地覆的冲击，对品牌和企业经营者来说，意义是什么呢？我认为，意义就是我们必须理解，消费者的购物习惯与价值观已经永久地改变了。这段时间人们硬生生被迫直面的生命观、重新定调的消费顺序、社交距离下的人际关系、去中心化的商业模式等等，都让人们必须很诚实地直面自己真正在意的核心价值，人们的需求被剥除到很纯粹的地步。有个“运动狂”朋友跟我讲，就算疫情过去他也不会再回健身房了，因为在家健身已成习惯，而且效果一样。有些价值消失了，真的就消失了，这个洗礼过程筛选出了消费者相当真实的需求原貌。

单独讨论市场是否从线下流动到线上意义不大，其真实状况是，品牌触点在疫情之后大幅收缩。原因之一是当人们处在马斯洛需求理论底层的生理或安全需求时，心智只能接收理性信息；原因之二是身体被强制处于物理性隔离状态，品牌触达用户的挑战变得非常高。

所以，哪些价值是用户无论如何都不会放掉的，我们就要在这些点上[我们称其为关键时刻（MOT）]用功。集中火力创造峰值，这对企业来说至关重要。

关键时刻极大地影响消费者的决策

早年我就职于惠普，升得很快，可能是当时最年轻的总监。然后我进入优派，担任其亚太区的营销副总监，我让优派成为LCD液晶显示器中国市场占有率第一的品牌。之后我在顺发3C担任这家上市公司的总经理，顺发是一个很像国美和苏宁的3C品牌，顺发的年营业额大约为20亿元。这些经历都让我不断历练怎样最有效地洞察消费者需求，我在设计消费者体验方面也有了更多心得。不断在全球各市场实操的结果让我发现，营销策略如果能在消费者做决策的"关键时刻"起作用，那么将极大地促进品牌营收增长。打蛇打七寸，市场的七寸就是"关键时刻"。

后来我去了合勤科技，合勤科技是一家B2B网络设备企业，总部在中国台湾，其在美国、欧洲和亚洲的一些国家和地区都设有分公司。合勤的主力市场在欧洲，因此我有一阵子几乎都在欧洲的各个国家之间飞来飞去。在我担任合勤科技全球品牌业务负责人短短的三年里，合勤科技经过Interbrand公司（全球最大的综合性品牌咨询公司）的品牌评估，品牌资产增长了10.62亿元，并在2007年名列台湾十大品牌第七名。基于这样的资历与心得，我在2007年成立了品牌咨询公司"VCI真观顾问"，我的心愿就是能和更多的华人品牌一起走向全球。

协助企业实现品牌增长的 20 多年来，我累积了 80 个产业，落地了超过 200 个创新品牌体验设计元素，不论是面对 B2B、B2C 企业，还是亚洲、欧洲或美洲公司，其实我一直都在试图回答的问题是："怎么让消费者一见就进，一进就买，一买再买，一传千里？"

大环境的信息越多，消费者注意力集中的时间越短。根据美国国家生物技术信息中心的数据，消费者平均注意力集中的时间 2000 年为 12 秒，2015 年为 8 秒，人类注意力集中的时间缩短的速度，远远超过大脑自然演化的速度。品牌要突围，已经不单是资源问题，有钱也不一定有用，因为消费者一直在迭代。过去经济高速增长时代所用的营销手段，现在都不好用了，消费者有能力一眼识破含水量过高的服务与粉饰过度的话术，但偏偏很多企业还在用传统的旧思维去营销，这简直就是在做无用功。

集中资源创造峰值，弭平低谷

我希望这本书能为大家呈现一个思维体系：消费者的体

验，不仅仅是“使用”体验；消费者的决策，不仅仅是“购买”决策。从他怎么被触动、要不要进一家门店开始，到他进去了会不会买，买了之后会不会再买，甚至想不想推荐给朋友，每个环节消费者都在有意识或无意识地做着判断，变量层出不穷。消费者和品牌接触，这个体验的旅程很长，但不是每件事情都得修正。我们发现，只有在关键时刻做出体验设计，才能真正影响消费者的决策。不在关键时刻做出的营销都是浪费。

因此，怎样找出影响消费者决策的关键时刻，直接决定了后面的营销成果。在这里，我们开发了一套洞察工具，通过有步骤的研究方法论，我们就能更快地发现消费者隐而未知的需求。只有需求明确了，关键排序清晰了，体验设计才能落地，这也就是我们说的“始于迷惑、陷于套路、忠于习惯、传于印记”。

实际上，这也是企业整理战略目标的一个必要过程。任何企业都不可能拥有无限资源去做所有事，所以到底做哪三件事消费者最有感觉，哪些做了等于白做，企业必须在投入资源之前就弄清楚。我常常问企业管理者，你们做了一堆事，用户到底记得什么？这个问题很难回答，他们几乎都答不出来。

体验设计要落地，一些事情必须被“打透”，企业要在一两个点上极尽所能地创造峰值，进而占领消费者的心智。要选对这个资源投入点，不是靠领导者英明、靠赌博、靠直觉瞎猜，而是靠企业对消费者清晰的洞察。我们提出一个结合“营销”“定位”“关键时刻”“体验设计”“行为经济学”的五大核心思想，以 MOT 概念贯穿其中的循环战略思维体系，即“品牌轮”，我们的实操迭代证明这一体系很有效，本书可以说就是我们这一心法的总结。

定位的第一场心智战，最重要的战场在领导者的心中

当下我们这个世界，封闭或开放，实体或虚拟，远还是近，界限已经消失了，定义时刻都在改变。如果市场竞争局面失去地理限制这个条件，我们还能用什么武器挖出护城河呢？我认为是时间。时间不可逆、不能停止、无法增加，也不能量产，所以是最宝贵的资源。每个人拥有的时间都

相同，但只有那些拥有多种视角的人，才有办法从已知的经验中找出全新的观点。

长期和品牌、企业并肩作战，我最大的感慨就是，品牌可能很美，有很多优点，但品牌看自己的视角永远不对。自以为是、懒于思考、因循守旧、不愿面对、拖拖拉拉，总之它们有各种盲点。有时候，我是真的不知道旧思维要怎样才能找到新出路，消费者早就不知道变化到哪儿去了，企业却还在用惯性做决策。所以我常讲，定位的第一场心智战，最重要的战场在领导者的心中。领导者如果意识不到自己的旧思维、旧视角已经阻碍了公司的发展，就不会发生变化。

企业如果遭遇增长瓶颈，就一定要换个视角去理解消费者。那些影响消费者体验并做出判断的关键时刻，就是能用杠杆撬起地球的那个支点。时间这个资源或许无法增加，但我们可以学习怎样让最小的时间单位发挥最大的商业价值。找准关键时刻去做设计体验，就能最大限度地放大成效。把消费者在乎的一两个关键点做到极致，尽全力大幅超越竞争对手，其他不重要的事情不要去做，因为你没有时间。领导者必须以这种心态武装自己。

有位智者说过，时间就是经验的面貌。以不同的观点看待时间、看待经验，才有可能激发新的机会点去翻转世界。人类面对未知，从来都不缺勇气与改变的决心，相信我们可以战胜巨变。

愿一切平安。

第一篇

洞察

第一章

视角决定世界，关键时刻建立消费者认知

一个小故事：中午和同事去吃排骨饭

让我们先来做个思维游戏。如果你和同事要去吃午饭，你会怎么选餐厅？

针对这个吃午饭的过程，一个传统的体验设计者可能会这么做。首先他将自己代入消费者情境，将流程写成剧本：

今天会议很满，中午只能跟同事到楼下购物中心的餐厅吃午饭，进入餐厅找个空位坐下。点了排骨饭。等了一会儿饭来了，跟同事边吃边聊，吃完饭去柜台结账，之后回楼上继续办公。

然后转写剧本，找出节点，进行改造：

今天会议很满，中午只能跟同事到楼下购物中心的餐厅吃午饭。门口有自助点餐机，用自助点餐机点了排骨饭，拿到我的单号，进餐厅找个空位坐下，并将单号放在桌上。等了一会儿，服务员送上排骨饭、餐具与水，跟同事边吃边聊，吃完离开，回楼上继续办公。

接下来我们换位思考，如果你是这家餐厅的老板，收到上面这个剧本，看着标示出来的改造节点，那么你是否知道怎样进行体验升级？

这种传统的拆解消费流程的写法，有很多商业上的问题没办法回答。首先，这家餐厅在流程上有哪些做得不够好？

从描述上看不出来。是餐厅根本没人就餐，进店率太低？是进来的客人都只点最便宜的排骨饭，转化率没有达标？还是很多人只来吃一次，就不再来了？这可能是复购率出了问题，或者这家餐厅只有回头客肯来，没有拉新，没有裂变。这种写法没有呈现问题的轻重缓急，我们很难判断该从哪里下手解决问题。

其次，这家餐厅的目标用户是谁？不知道。那么怎样知道你提升体验的节点是他们想要的？这些设计对他们重要吗？会影响消费者的决策吗？改变之后会影响任何商业指标吗？如果回答不出这些问题就往下进行，说穿了这就是企业“自嗨”，坐在办公室里想出来的让人觉得很高兴的 PPT 战略，到真正的战场马上会遭遇惨败。

这是一种用户体验旅程图式的写法，当然你还可以把每个动作拆分得更细，例如怎样翻菜单、服务员怎样接受点菜等等。但就算把流程拆分成 100 个动作，难道 100 个动作都需要提升吗？要怎样判断先做哪一个呢？这种流程分析常常让人困惑无比。

最后要检视的是体验设计的价值，要看它能否对用户的心智产生影响。他之后会记得你吗？有没有跟朋友分享？下次还会光顾吗？一个水过无痕、没有打动消费者心智的体验设计，是无效的设计。

我们应该能理解，不是消费环节的每个时刻都能对消费者产生相同的影响力。"卡尼曼的峰终定律"证明，消费者会记得的事情并没有那么多。我们要做的，就是找出真正影响消费者决策的关键时刻，进行体验设计，有效影响消费者的心智与行为。

阅读本书，抓好五个重要观念

一、消费者视角与企业不同，企业一定要避免从自身的角度（自嗨）去做体验设计，这是企业最常犯的错误，最终都是无用功。

二、关键时刻与传统触点思维不同，我们建议以消费者四大决策点"进店、转化、复购、推荐"为基点进行构思，以维度思维挖出关键时刻，再进行体验设计，而非用线性流程去拆解。

三、企业自身必须有侧重点，要针对自身的问题（进店率、转化率、复购率、推荐率）进行消费者洞察与体验设计的落地。不然极有可能做出的体验设计并不具有任何商业价值。

四、不同的消费者重视的关键时刻不同，一个没有针对性的体验设计，很难产生峰值。企业要先确立目标用户才能去做体验设计，而不是拍脑门做事。

五、我们都知道，品牌要攻占的是消费者的心智，一个好的体验设计，要能在消费者的心中留下标签。如果他接触你的品牌之后心智没有发生任何改变，这个体验设计就是不到位的。

一般体验设计师常用的工具，有用户体验旅程图、用户接触点管理等，它们和本书对关键时刻与体验设计的定义在本质上并不相同，我们会在接下来的章节一一说明。

等我 5 分钟，他买一块表

某次企业客户庄总经理帮我安排了一场一对一的访谈，受访者是素未谋面的林董，庄总说都安排好了，我到上海浦东国金中心的“理查德米勒”就能见着他。到了国金中心，我找了半天也没找到叫理查德米勒的咖啡厅，只好再打电话给庄总。原来理查德米勒（Richard Mille）是一家手表店，不是咖啡厅。

一进店我就看见林董正拿出运通黑卡交给店员说：“等一下你把账单拿过来给我签，我去旁边的咖啡厅跟人聊天。”原来林董在等我的 5 分钟里买了块手表。服务员拿着刷卡单给林董签字的时候，我在旁边忍不住瞧了一眼“85 万元”。我脱口而出：“不会吧！这表怎么这么贵啊？”

这么绝妙的消费现场岂容错过，我当然要抓紧时间采访一下林董，我请教了林董三个问题。

第一个问题：“您为什么要买这款表啊？”

林董想都不想就说：“我朋友都戴这一款。”

这真是一个超级重要的关键时刻。这款手表有多厉害、多精准对林董来说都不重要，但“我朋友都戴这一款”，这才是真正的购买原因。

“我朋友说”，是体验设计里最有力量的一句话。我们每天都受到许多朋友的影响买了很多需要或不需要的东西，其实我们也在影响着我们的朋友。社群、圈层的影响力是巨大且完全不能忽视的关键时刻。

第二个问题：“请问，这款手表厉害在哪里？”

林董秒答：“这表纳达尔代言过。”虽然我口中大声说的是“哇”，但实际上我心里想的是“那又怎样”？

你猜，林董知不知道这款手表真正的特色是什么？答案是当然不知道。我后来回去做功课才发现，原来纳达尔从2010年起就戴着这款手表打网球，这么高强度的运动，手表的工艺可想而知，“极限”两个字成了这款手表的代名词。看着林董胖胖圆圆的肚子，想也知道，他并没有打网球。

第三个问题：“林董，请教一下，您都花了80多万元，怎么不买百达翡丽的陀飞轮呢？”

林董不假思索地说：“哦，那款我不戴，那是我爸戴的表。”

此时林董看我对手表一直很好奇，就问我：“你要看看吗？”说话的同时，他把手表摘下来拿给我。

这真是一个关键时刻！坦白讲，当我说“好呀”，他把手表递给我的那个瞬间，他眼中的那股自信、满足，还有一丝丝的骄傲与高人一等……我想这一刻，他一定觉得这 85 万元花得“值了”。

在这个真实的小故事里，我们可以很清楚地看到，80 多万元的购买决策对林董而言，并不是我们想的那么理性，他好似疯了。但重要的是，如果你不了解疯子的世界，那么你又怎能做成疯子的生意？所以千万不能以自己的视角去思考消费者。

我偶尔会听到一种诡辩，说我自己就是消费者啊，把自己代入情境不就知道消费者怎么想了吗？开一扇那么窄的窗去看市场，真的很危险。如果你做产品只会从自己的角度去思考，那么最后你做出来的东西只能卖给你自己。你觉得好那只能你一个人买，可是光靠卖给自己能业绩达标吗？

我们不可能是每一种产品的消费者，我们做不到，也不用变成那些人，但如果要做成他们的生意，就必须彻底了解他们。不是每一个关键时刻对消费者决策的影响力都相同，找出影响消费者四大决策的最关键的时刻之后，还要做出取舍，这样结果才会高效。做一卡车事情不一定有用，要挑重点去做。

选择关键时刻要有针对性，不同的目标用户爱的MOT是不同的，要针对目标用户去了解他的MOT，针对目标用户进行体验设计。只有让第一群目标用户疯狂地爱上你，未来的裂变才可以期待。

第二章

峰终定律与三个黄金时刻

一个小故事：朋友和我去买衣服

有一次朋友和我一起去买衣服，进了店客人还挺多的，一个年轻的导购一直陪着我们拿衣服、试穿、换尺码，试了 50 分钟我们选了五六件，本来要买单了，朋友讲了一句："我觉得爱马仕比较适合你。"我说："是吗？要不然我们先去看一下？"

可能是试了半天最后又犹豫了，旁边的导购小声地发牢骚："要去看爱马仕不早点儿去，浪费我一个多小时，旁边还有一堆客人没照顾到呢。"

朋友听了很不高兴，瞪了导购一眼，拉起我头也不回就往外走。

难为这位导购前面献了一个小时的殷勤，忙活了半天，又拿衣服又倒茶水，只因为最后一刻说了句不该说的话，所有服务通通被一笔勾销。品牌百般好也没用，我们只记得她说的那句话。

这能怪我们吗？这个故事只是充分地验证了丹尼尔·卡尼曼的"峰终定律"。

峰终定律

行为经济学家丹尼尔·卡尼曼是2002年诺贝尔经济学奖得主，他的著作《思考，快与慢》认为，人类对体验的记忆由两个因素决定：高峰时（无论是正向的还是负向的）与结束时的感觉，这就是峰终定律（Peak-End Rule）。

我们对一项事物的体验，能记住的就是在峰值“最高”、“最低”与“最后”的体验，这些体验的时间长短、质量、比重，对记忆几乎没有影响。高峰之后，终点出现得越迅速，这件事留给我们的印象越深刻。这里的“峰”与“终”，就是“关键时刻”。

不要整体提升，要峰值

你可以看一下图 2-1，很多人可能感觉挺熟悉的，这是一般管理者最常要求员工做的事，就是所谓整体服务的提升。但整体服务的提升并不是一个合理的策略，为什么？

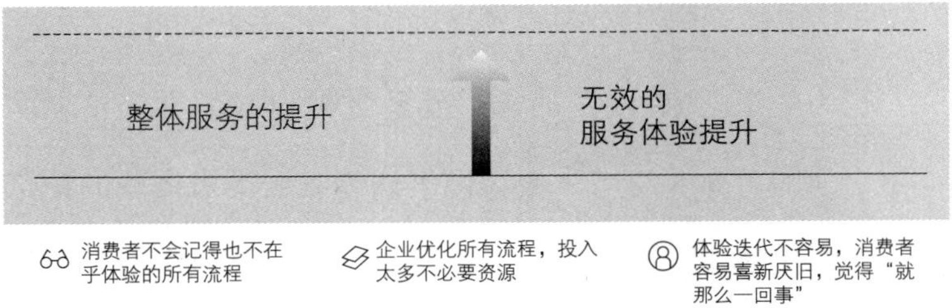

图2-1　整体服务的提升

首先，卡尼曼反复强调，有效的体验仅来自峰值及最后的印象，给消费者再多再满，他注定是记不住的。其次，整体服务的提升可能就是个平庸的开始，违反品牌辨识度原则。再次，整体服务的提升要耗费非常多的资源，不但耗时长，而且难以复制到每个触点，让每个环节都做到一样好非常不现实。

企业应该避免掉进“整体服务的提升”的误区。消费者本来就不在乎流程，你去优化流程干什么？整体服务的提升架构庞大，细节复杂，更加难以快速迭代。“没法迭代”在现今商业环境下绝不是一个好的竞争策略。

有效的体验设计必须有峰值让消费者难以忘怀，如图 2-2 所示。简单讲，虽然整体服务内容打包可能跟大家都一样，但只要你在几个点上创造峰值，消费者就会给品牌贴上标签，差异化就是在这几个点上被创造出来的。

要知道，消费者心智对品牌的评价并不是一个平均分数，也不是加总计分，消费者只在关键时刻打分数。如果要我对品牌体验设计下一个定义，那么我认为它就是挖出关键时刻，并在那个时刻让用户体会到品牌信息，并影响消费者的决策，这就是最好的说明。

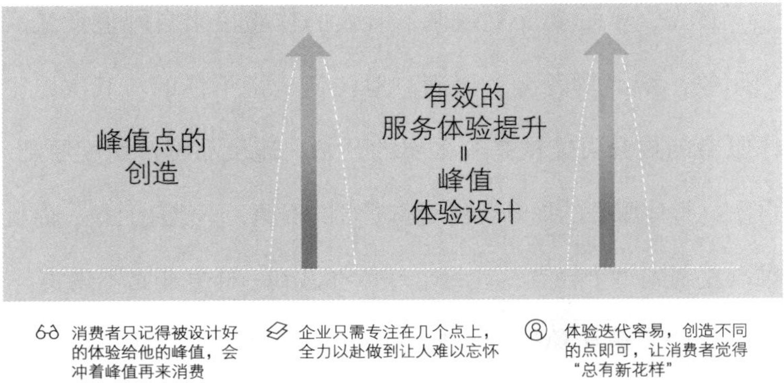

图2-2　峰值体验设计

经营品牌一定要认识到，消费者注意力有限，又不专业，不要期待他们会花时间慢慢搞懂你的品牌的好处。花时间挖掘品牌优点，这不是消费者的责任。品牌体验如果不能让人秒懂、秒下单，流程再精妙都是无效的设计。

品牌最怕的就是没有彻底搞懂消费者又害怕失去优势，因而只好随波逐流，掉入对手设的局，搞得自己的付出越来越多，产品的价格越卖越低。结果呢？企业就只是做一堆消费者没有感觉的事，最后跌入竞争惨烈的红海。

三个如黄金般宝贵的时刻

峰终定律告诉我们，消费者对某次体验的整体评价，只会来自最满意、最不满意的感受，或者终场感受。事实上，在卡尼曼的《思考，快与慢》一书中，很多实验都证明“第一印象”非常重要。

当然，我们不会希望用户对我们的印象处于最差的谷底，所以去除最低的那个时刻，那么初始的第一印象（最初）、体验最满意的时刻（最高）、结束前最后的印象（最终）这三个时刻，就是我们所称的体验设计的“黄金时刻”，如图 2-3 所示。

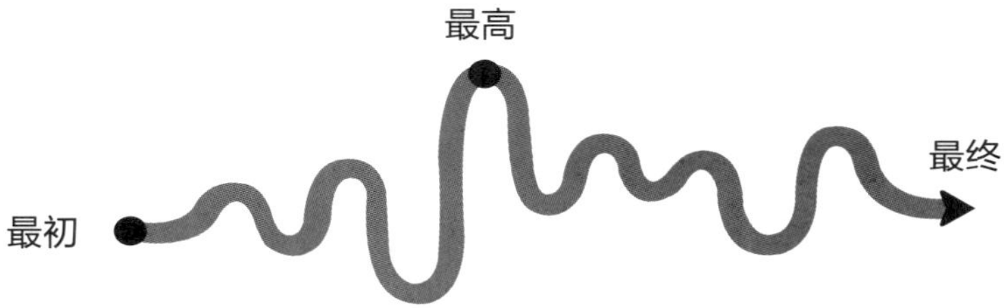

图2-3　三个黄金时刻

在最初、最高、最终这三个黄金时刻进行体验设计，效率最高。如果品牌能做到专注，在几个关键时刻能创造出无与伦比、令人难以忘怀又出乎意料的美好体验，那么消费者不但会记住你，而且会为了这个峰值再来消费，这样你才更容易创造口碑，制造裂变。

最重要的是专注于几个黄金时刻，模式容易复制，企业才能扩大。要专注于这些小而美的黄金时刻，迭代容易，企业才能积极快速地前进，这是资源投放见效最快的方式之一。相较于传统的“整体服务的提升”，这是值得企业主在观念上做出的一大突破。

第三章

如何通过体验设计，创造出翻番的利润

一个小故事：华航，不一样了

中华航空股份有限公司（简称华航）在 2012 年时找到我，它要做重新定位品牌的咨询案。这个项目当时有个缘由，就是华航购买了 10 架 777-300 ER 飞机，它希望趁着飞机硬件更新的机会，让消费者有全新的飞行体验。

华航在 2018 年的营业额大约为 377 亿元，中国南方航空大约是 1 436 亿元，大家可以感受一下两者的规模。以全球航空公司的服务评价来看（Skytrax 2018 年度排行），第一名是新加坡航空，卡塔尔航空是第二名，华航是第 35 名。所以华航在表现上还有成长的空间，而在那个时间点华航并不赚钱。

我们是在 2012 年到 2013 年对这个品牌进行重新定位的，2015 年华航的净利润由亏转盈，增长了 10 倍。到底发生了什么？

华航是一家成立 60 年的公司，一直有一群很忠诚的乘客，只是这些热爱华航的人，多年来慢慢地都变老了，空姐老了，飞机也旧了。在很多人的认知中，华航是一个老品牌，新生代的乘客都去坐竞争对手的飞机了。但问题不只是这些，华航还面临一个问题，它的商务舱乘坐的人不多。

不要以为那么大的航空公司跟你的公司有什么不一样，其实都是一样的。每家公司都有好卖的产品，也有不好卖的产品，有利润高的产品，也有利润低的产品。常常是好卖的产品利润低，利润高的产品卖不动，航空公司也面临同样的挑战。60 年来的大数据显示，以长途航程为例，比如北京飞纽约、上海飞阿姆斯特丹，若是商务舱坐满，经济舱就是卖一张赚一张。华航当时面临的困境是经济舱全满但商务舱乘坐的人不多。

问题来了，要怎样增加商务舱的载客率才能让利润得到提升？光凭直觉我们也知道，“商务舱和经济舱的消费者要的东西不一样”。但是，到底有什么不一样，我们要做什么，消费者才会乘坐我们的商务舱？这时“洞察”就很重要了。你要先确定消费者要的是什么，才能进行体验设计。

我们来试一下：“你觉得商务舱与经济舱的客群，要的东西有什么不同？”

很多人可能会说“服务”，他们认为商务舱的乘客更重视服务。坦率地说，这个回答简直是废话。什么样的服务才是好服务？一次长途飞行，待在飞机上的时间超过 12 小时，你是说这 12 小时的服务每时每刻都要很好吗？有可能做到吗？到底哪些时刻的服务才能给消费者留下深刻的印象？更重要的是，当你说“商务舱的乘客更重视服务”时，你有讲清楚航空公司要做的事吗？没有。事实上，一个体验设计者，必须有能力清楚地说明，在哪个时刻，做什么样的服务，消费者才能感受到不同，这才是“洞察”。洞察之后才能看清“关键时刻”。

有的人可能会说是“座位空间”，商务舱的乘客需要比较大的座位空间。想想看，飞机事实上是相当规格化的东西，航空公司只要花钱买同样机型的飞机，商务舱的空间都是一样的。因此空间比较大这一点很难体现出华航商务舱和别家有什么不同。这个故事很明白地告诉那些只想改变店面装修，以为花钱把店面弄得很漂亮就能创造差异的企业，这是个很好的教训。因为硬件从来都不是最关键的事情，体验才是。

我们跟华航策略发展部的精英，针对商务舱乘客挖掘了很多关键时刻，从行程规划、购买机票、报到、贵宾室、候机、登机、空服人员、餐饮、设备、里程酬宾计划等方面，定义了基础的关键时刻。我们又研究了行业内第三方的调查评比、媒体简报和舆情，包括从旅行社借出来的销售数据，反复比对华航内部的客户满意度调查所定义的指标，加上举办了多场焦点小组座谈会（Focus Group Discussion，首字母缩略词为 FGD），根据以上这些定量研究或定性研究产生的数据与论述，我们最后浓缩出 80 多个关键时刻。

我们拿着这些关键时刻，找了包括华航在内的三家不同航空公司的商务舱高级会员进行调查，为了确保量化研究的信度与效度，我们分批次做了大量问卷调查，利用 SEM Model 进行统计分析。结果发现，在这些关键时刻中，真正对消费者决策产生重大影响的，不到 10 个。

这是一个非常重要的洞察，这说明航空公司原先设定的一连串精致绵密的体验，大部分可能是无效的，并没有强化消费者的决策意图。这个研究项目验证了我们的理论：**找对关键时刻再去进行体验设计**（**MOTX**），不然钱就白花了。

举个例子，很多航空公司都愿意投入极高成本提升商务舱的餐饮体验。但洞察发现，商务舱乘客会议应酬多，天天吃大餐，好吃的基本上都吃过，再加上身处高空味蕾钝化，机上餐饮再精美也很难产生峰值体验。在这里插播一个小洞察，那么谁会非常在意机上餐饮呢？经济舱乘客。经济舱乘客的确会因为飞机餐好不好吃而决定航空公司的选择，这对他们来说是个决策关键点。做体验设计不要一竿子打翻一船人，任意抛弃关键时刻，不同的消费者在意的关键时刻是不一样的。

再讲商务舱乘客，我们发现，相较于名牌餐饮无法触发他们的高峰值体验，反而是空服人员“上餐”这个关键时刻会让他们产生反应。空服人员动作优雅、餐具、摆盘、食材、颜色、用料材质等等，是能让人感觉高档的关键时刻。见多识广的商务舱乘客看到上餐仪式有新花样会纷纷拍照，这样做带来的裂变超高。

在后来的体验设计方案中，华航新飞机配备了令人耳目一新的餐具，包括宋代葵口盘、元代高足碗、清代青花瓷融和科技感的山水碗等等，重点是上餐时呈现的视觉好像一幅画，典雅高级到乘客想要拍照的程度，而不仅仅是想让人享用美味。

华航自 2014 年 10 月起推出的 777-300ER 新机获得了很多奖项，包括德国 iF 设计奖、红点设计大奖最佳设计奖、意大利 A’Design Award 设计大奖银奖、日本优良设计奖，*Onboard Hospitality Awards* 杂志评比“最佳机上寝具——商务 / 头等客舱”者奖。其 777 亲子卧舱设计获得美国《环旅世界》休闲旅游卓越创新奖。豪华经济舱获选 Skytrax 顾问公司全球第八名，以及国际专业航空评鉴网站 TheDesignAir 评鉴的全球十大机场贵宾室、全球最佳航空第二名、最佳商务舱及最佳经济舱。还获得全球华人最顶尖的金点设计奖和台湾创意设计大赛奖等。

我们与华航新世代项目团队一起梳理了关键时刻，然后与高管们达成共识并落地执行，最后华航不但净利润得到提升，还获奖无数。总结下来，我们有以下几点心得：

关键时刻必须细化，而且要细化到你接下来知道如何设计的程度。例如“商务舱乘客更重视服务”这种粗略的讲法就是无用的结论。

品牌光有信息没用，还要知道消费者感知信息的路径，在路径上设计信息，这样才能影响消费者的心智。信息进入心智的路径，就是关键时刻。

真正能极大地影响消费者决策的触点并不多，只有那几个重要的关键时刻。

好的体验设计一定会反映在营收增长上，体验设计不仅仅是让消费者开心。

品牌轮的理论依据

MOT 概念来自谁？北欧航空的卡尔森种下了“体验打造认知”的第一颗种子

关键时刻（Moments of Truth）的英文首字母缩略词是 MOT，它并不是新概念，早在 20 世纪 80 年代，北欧航空公司前总裁詹·卡尔森就提出了，他先是投资 6 000 万美元更换飞机餐车和硬件，接着向员工提出 MOT 的概念。

“我们（北欧航空）每年接触 1 000 万乘客，每个乘客平均会接触 5 位员工，每次接触大约 15 秒。所以这 5 000 万个 15 秒，就是我们的关键时刻。北欧航空必须在这 5 000 万个 15 秒里向乘客证明，北欧航空是他们最好的选择。”詹·卡尔森说。

卡尔森认为，与乘客接触的每一个时间点都是关键时刻，这个关键时刻是由员工的外表、行为、沟通三个方面构成的。这三个方面影响乘客感受的重要程度有所不同，大约是外表占 52%、行为占 33%、沟通占 15%，它们综合起来影响着乘客的忠诚度及满意度。因此，要想打造良好的关键时刻，一线从业人员的临场表现是决定性因素。也就是说，在以用户为导向的公司，权力应该下放给最前线的基层人员。公司应该建构一个较为扁平的组织，维持灵活的现场反应。将决策权下放到最前线，是卡尔森总裁当时提出的划时代的新观念。

卡尔森在 1981 年进入北欧航空担任总裁时，该公司已连年亏损且亏损数额巨大，不到一年时间卡尔森就使北欧航空转亏为盈，还成为全球利润最高的航空公司之一，这一年他才 38 岁。

卡尔森提出的 MOT 概念非常重要，它说明只有在关键时刻让消费者感受到你的品牌信息，他们才会产生对品牌的认知，这是“体验打造认知”概念的肇始。当然改善 5 000 万个 15 秒并不实际，没有公司做得到。在本书里，我们会介绍如何利用更精准的工具去打造认知，也就是将行为经济学的“峰终定律”落实到“进店、转化、复购、推荐”四大决策点上去影响消费者的心智。

我们在组合关键时刻与体验设计时，会使用一个工具——

品牌轮。品牌轮是一个以关键时刻为基础，运用行为经济学概念的品牌体验模型，它结合了8位大师的理论，在此我对品牌轮的学理基础做一下简述。

菲利普·科特勒/STP理论

菲利普·科特勒这位现代营销学之父，以美国营销学家温尔德·史密斯的市场细分理论为基础，将其进一步完善后形成了STP理论。STP是Segmentation（市场区隔）、Targeting（锁定目标）、Positioning（市场定位）的首字母缩略词，其基本要义就是选出目标用户，也就是从一个大市场中切出一块企业能做的较小市场，然后把自己的产品营销重点放在这群人的偏好上。

根据STP理论，营销时应先细分市场，这个市场区隔的动作，就是以各种参数为切割指标，将市场切成各种小块。然后从里面挑一块并主攻它，“你的产品锁定哪个市场?”“你的公司专注于哪个区块?”这类营销人员朗朗上口的提问，都是在回答STP的问题。

但是我咨询辅导过的企业常常会遇到一个大难题：到底是先有 TA（Target Audience，目标用户），还是先有产品？常见的情况是产品已经有了，但不知道该卖给谁；或者 TA 确定了，但产品卖不动。目标用户或产品谁先谁后的问题，我们在本书的第二篇“产品到底该卖给谁？我的战场在哪里？”中会详细讨论。

STP 是个非常重要的概念，它告诉我们营销策略一定要有针对性，也就是目标用户很重要。TA 不同，需求不同，关键时刻不同，影响也不一样。我们必须针对 TA 在消费者重视的关键时刻设计体验，让消费者感知到品牌信息。讲到信息，我们接着要讲的就是两位“定位”大师，特劳特与里斯。

杰克·特劳特与里斯 / 定位与心智地图

营销学的另一个关键理论就是定位（Positioning），讲到定位就一定要提到艾·里斯和杰克·特劳特，这两位大师于 1980 年出版了《定位》（*Positioning: The Battle for Your Mind*）一书。

这本已经出版 40 年的书，对定位的定义简单有力：

> 定位就是让你推销的产品/服务在消费者的心里占有一席之地。
>
> 企业竞争的战场不是产品，而是消费者心智。

定位理论强调营销战就是消费者的心智战，因此，如何塑造消费者的认知以建立品牌是关键。先占为王，抢先插旗，让消费者的心智先存有某一认知，例如想到碳酸饮料就会想到可口可乐，能做到这样就赢了。

这套理论放到现在来应用，会遇到一个大难题，就是消费者每天接触的信息量太大，注意力愈来愈分散，要占领消费者心智变得非常困难。光讲信息已经占据不了消费者的心智了，我提出的解决方法是“体验创造认知，认知进入心智，心智建立定位”，只有给消费者的心智贴上一个标签，定位才能成立。因此，接下来我们谈谈体验设计的宗师戴维·凯利。

戴维·凯利/设计思维（Design Thinking）

设计思维这个词首次出现是在 1987 年哈佛大学设计学

院院长彼得·罗所著的《设计思维》（*Design Thinking*）一书，只是该书是讨论建筑与都市设计的。直到1991年，戴维·凯利创立了IDEO设计顾问公司，并沿用了设计思维这个词，设计出许多很出名的作品，例如苹果的第一款鼠标、第一台折叠笔记本电脑、经典PDA（掌上电脑）机种Palm等，设计思维这个词才开始为大家所熟悉。

设计思维这个源自设计界的概念，经过各方理解消化后，被创造成各种不同模型，目前知名的有英国设计委员会的“双钻模型”，IDEO公司的“以人为本”设计模型，还有斯坦福大学设计学院的“五步骤”，即同理心（Empathize）、定义问题（Define）、头脑风暴（Ideate）、创造原型（Prototype）、测试（Test）”。

设计思维如果用一句话说明，就是它是一种贴近使用者需求的设计过程。设计思维强调换位思考，让“个人、消费者”身处的情境变成设计中心点，在过程中大量运用行为心理学的研究方法，例如情境代入、故事叙述、用户体验旅程图等工具，来产生概念原型，然后反复修正，它降低了决策者被自身经验或偏好影响的概率。

我最欣赏设计思维的一点，就是这个方法非常强调以消费者为中心。过去以产品研发或创业家自身视角为出发点的误区必须被突破，这也是我们在“洞察”过程中不断强调的“不要以自己的视角看事情，只有改变视角，才有机会改变世界”。以自己为出发点的设计通常只能卖给自己，这是任何体验设计者都要避免的误区。

丹尼尔·卡尼曼 / 峰终定律 / 系统 1 和系统 2/ 行为经济学

系统 1 与系统 2 是 2002 年诺贝尔经济学奖得主丹尼尔·卡尼曼在其著作《思考，快与慢》中提出的重要观点，他强调“人是有限度的理性”。

众所周知，亚当·斯密写的《国富论》有两大基本假设：一是人是理性的；二是人会追求最大利益（利己的）。卡尼曼的观点无异于另辟蹊径，他通过大量的实验证明，人类的决策行为是如何系统性地偏离标准经济理论所预测的结果的，而塞勒这位 2017 年诺贝尔经济学奖得主，再一次强调并证明“人并非完全理性”。

卡尼曼将人类大脑的思考运作方式分成两种，即“系统 1”和“系统 2”。系统 1 就是“五感与直觉”，代表的是反射性思考，是主力思考系统；系统 2 是“理性”，是按部就班的分析能力。系统 1 是我们的自动导航系统，在最节省能源的情况下自动地帮我们做出判断，而且不容易被关掉。这两个系统分工良好，让我们过着不费力的生活。

之后，卡尼曼提出峰终定律，人类对体验的记忆由两个因素决定：最高（或最低）与最终时刻，在整个过程中其他体验不会给人留下多少印象。人类的这些理性或直觉的机制，我们如果不了解，就无法去影响消费者的决策。所以讲“消费者洞察”，其实就是要理解人到底哪里理性，哪里不理性。

尤瓦尔·赫拉利 /《人类简史》《未来简史》

赫拉利是英国牛津大学的历史学博士，其重要著作《人类简史》《未来简史》的销量都超过 150 万册。《人类简史》最核心的观点是认知革命，人类编故事的虚构能力带来了智人的大发展。而《未来简史》最重要的观点是算法，他将智人、人的感觉、人类社会、宗教、各种社会运作模式，乃至宇宙内的生物，全部概括为各种算法，即某种数据处理系统。赫拉利认为，人类并不拥有自由意志，所谓“自主意见”也是算出来的结果。

赫拉利所说的重点在于我们必须理解，根据大数据系统演算的存在已经不可逆转，千人千面，消费者永远存在于有限信息的背后。理解关键时刻，理解算法，理解决策机制，是每个企业家必须面对的议题。

希思兄弟 / 峰值体验

奇普·希思和丹·希思这对儿兄弟进一步强化了卡尼曼提出的峰终定律，他们认为，经过精心设计，结合情感，就能掌控行为。他们提出的行为设计学有三大步骤：

1. 选择一个明确的目标。
2. 让这个行为做起来简单。
3. 提醒人们重复去做。

希思兄弟在其书中提及，一个令人印象深刻的关键时刻通常包含四种情绪：（1）欣喜，专注、享受、兴奋的感觉，能给人惊喜和仪式感，能让关键时刻达到巅峰；（2）认知，当人们赫然生出自我理解时，那种醒悟、厌恶、心碎、狂喜的情绪会让人铭记终生；（3）荣耀，在被肯定或认可时，油然而生的自我满意感；（4）连接，当和他人一起经历痛苦、实现目标时，群体感会让人们更靠近。希思兄弟认为，人处在重大里程碑或人生低谷时，会本能地渴望被重视。

“目标明确、行为简单、重复操作”，结合情绪去做的行为设计学，是希思兄弟为创造峰值设定的可操作的守则。

品牌轮：用 MOT 引导的品牌体验模型

我们多年来协助客户解决各种商业问题，常常觉得理论有一定的孤立性，有些理论出现的时间太久了，现行的市场状态套不进去。企业需要的战略，一方面要有理论根底，能确实落地；另一方面要能把消费形态跨界、信息发散多元等挑战通通考虑进来。正因为不断地累积与打磨实操经验，我们才有了“品牌轮”体验模型。

“品牌轮模型”的“四大组件”

“品牌轮”体验模型（如图 3-1 所示），结合了“定位”“关键时刻”“体验设计”“行为经济学”四大核心思想，并以 MOT 概念贯穿其中，是一个战略闭环体系。

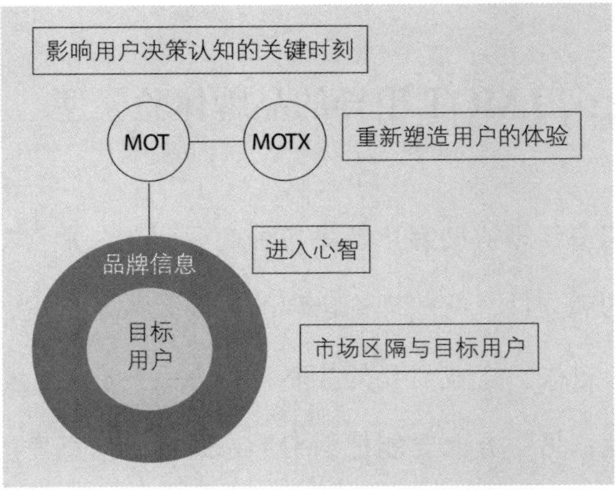

图3-1 “品牌轮”的四组件

品牌轮的目的就是让目标用户在接触品牌的关键时刻，感受到品牌想要传达的信息，并做出我们期待的事。这些感受是从头到尾一致的、环环相扣的，最终能触发用户采取行动，并让品牌信息占据消费者心智。四大组件必须相辅相成才能滚动前进，故称“品牌轮”。

接下来我们先看“品牌轮”的四组件的定义，后面的“落地”篇将会针对四组件逐一做应用上的探讨。

品牌轮第一组件：目标用户（TA）

目标用户：就是科特勒营销思维 STP 的 T。TA 要有针对性，不同的 TA，需求不同，MOT 当然不同，MOT 对决策的重要性与影响力也不同，企业要选对 TA，聚焦 MOT 洞悉 TA。

品牌如果努力被 TA 爱上，TA 就会变成你的种子用户，帮你宣传帮你裂变。而为什么 TA 会爱上你的品牌？因为你比任何人都更了解 TA，在每一个 TA 接触品牌的关键时刻，TA 都会因为你专门为其创造的峰值而疯狂。你所有的好事，都会从这群用户开始裂变。TA 是你品牌的细胞，TA 会裂变，会拉新，会传播。

我们在后面的章节中会讲到，要怎么选出这群人，也就是"滩头堡 TA"（Beachhead Target Audience，以下简写为 BTA）。品牌进入市场的一个动作，就是要让 BTA 先爱上你的品牌。

品牌轮第二组件：品牌信息

品牌信息的概念来自特劳特与里斯的"定位"，即让信息攻占心智，心智是营销真正的战场。

品牌信息就是消费者在心智中给品牌贴的标签。我们做体验设计的目的，就是在消费者的心中留下一个标识，这个标识能引导消费者在"进店、转化、复购、推荐"四大决策点上，做出我们期待的事。

本书所指的品牌信息是消费者心中的标签，是一串组合好的行动系统留下来的感性印记，而非一般的广告语。

在品牌轮的模型中，品牌并不是用文字标语或广告去告诉消费者它是谁，而是通过体验设计把信息放进消费者的心中。通过消费者的感受加工，消费者自己会为品牌贴上标签。因此，品牌信息可以说是战略思维的下一步成果，是企业已经设想清楚消费者会怎样反应、怎样行动，从而预设好的一套战术，只有透过体验设计才能放进消费者的心中。

消费者真的能记住你，一件事就够了，像星巴克的绿色、麦当劳的黄色与红色、可口可乐的曲线瓶子等等，都不只是视觉标志，而是很多感性综合起来的强印记。在现今信息爆炸的互联网时代，消费者真的很难记住你的广告语，但消费者会因为你产品的包装、颜色、味道、触感，对你的产品产生印象。五感才是强印记，这就是卡尼曼讲的“系统1”。

我常遇到很多企业关心怎么设计出一个好的广告语，试图用一句话讲清楚一个品牌，但我只问一句：你能现在马上说出小米、华为、苹果的广告语吗？不一定吧。但你我还是照样会买这些品牌的产品，不是吗？消费者在心智中给品牌贴上的标签，是一个综合的感性作用成果，品牌信息就是在这个过程中要被传递的主要信息。

品牌轮第三个组件：关键时刻

关键时刻是影响消费者决策的微小而明确的时刻。

消费决策并不仅有“购买”决策，决定买不买，只是消费者接触品牌的一个情境。事实上，消费者在和品牌互动时，至少会在四种情境下需要做出选择：要不要“进店”的决策，进店之后要不要“购买”的决策，要不要回来“复购”的决策，会不会“推荐”给朋友的决策。

“进店、转化、复购、推荐”是消费者的四大决策，也是重要的商业指标（如图 3-2 所示）。关键时刻就是找出什么影响了消费者的决策。这四种决策的任何一种都会影响品牌增长：为什么消费者会进店，为什么会购买，买了为什么会再买，为什么会推荐给朋友。所谓消费者洞察，就是找到影响消费者“一见就进、一进就买、一买再买、一传千里”的关键时刻。

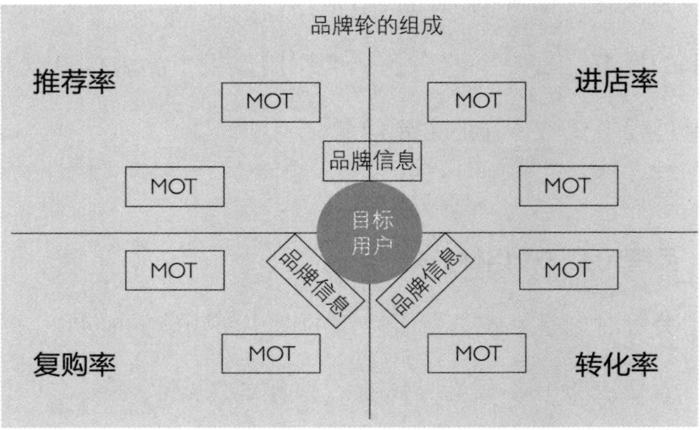

图3-2 “品牌轮”的组成

很多企业在找关键时刻时，由于从来没跟消费者交流过，对消费者一无所知，没有访谈，没有市场调研，就只能以自己的视角去推测消费者。这在过去可以，但现在大都行不通了。不管什么产品，竞争对手都是一卡车，消费者的选择太多，要想从混战中脱颖而出，成为消费者心中的首选，光靠你闭门造车是办不到的。

找 MOT 另外一个常见的误区就是所谓“专家思维”，这种思维认为消费者都是理性的，认为大家都跟你一样关心产品特点。其实你想错了，行业里的专家在做体验设计时反而最容易落入被误导的陷阱。我主持过上千场消费者座谈会，我可以很负责任地讲，大部分消费者根本就是不理性购买，消费大多靠本能反应或基本常识，他们对产品的理解相当不专业。问他们为什么买，这东西哪里好，10 个有 8 个会说得很片面。

倾听消费者的声音需要用结构，讲方法，不是逢人就问。在后面的章节中我们会提供很实用的工具，教大家如何挖掘 MOT，找出影响消费者四大决策的关键时刻。

品牌轮第四个组件：MOTX

MOTX是消费者在MOT的品牌体验，X就是Experience。

MOTX要利用系统1、情感需求、落地点、黄金时刻去设计，可以说MOTX就是品牌的价值创造。消费者因为你的设计，接收到品牌想要传达的信息，并做出你期待他去做的事情，例如走进店、拿起商品、参与试用、完成购买、加入会员、点赞或拍照上传等等。只有当用户做出你期待的动作时，这才能被称为一个成功的体验设计。

MOTX利用行为经济学定义的系统1进行设计体验，并强调在黄金时刻（最初、最高、最终的时刻）让消费者感知信息。MOTX突破了设计者单一视角的盲点，从用户视角出发，有效地解决了传统用户旅程图那种越体验越迷失的情况。体验设计一定要直指核心，选择最短路径去打造品牌体验，做准不做多，不要绕弯路。一句话，关键体验必须是峰值体验。

案例分享：一个云南菜餐厅的小故事

我指导过一家云南菜餐厅，老板说他的餐厅有四大特色：

第一，餐厅只用云南厨师，饭菜是地道的云南味；第二，服务员是云南本地人，呈现云南人文风情；第三，所有食材从云南直接运来，食材原汁原味；第四，餐厅门口有美丽的云南姑娘跳舞。这四点，你觉得哪个最重要？

我想你可能会说食材，毕竟是云南菜餐厅，原汁原味很重要。

这位老板告诉我，他觉得第一点与第二点最重要，因为别的云南菜餐厅都是中央厨房统一处理，只有他的才是最正宗的。基于这种想法，他正准备撤掉云南姑娘的舞蹈表演。

我们接手这个项目之后开始做调研，找到重度消费者，也就是一个星期平均来餐厅吃两到三次饭的客人做访谈。要知道，同一家餐厅一个星期来两三次，绝对是真爱。结果这些重度消费者根本不知道他们吃的菜是云南厨师做出来的，甚至还说其实中央厨房料理包也可以，他们不是很在意。这表示重度消费者来这家餐厅的原因，跟这个 MOT（云南厨师）根本没有关系。

老板觉得重要的事（云南厨师和云南服务员），消费者不买单（觉得可有可无），真正打动他们的反而是老板要撤掉的云南姑娘跳舞这件事。有一半以上的重度消费者表示，第一次进店都是因为家里的小朋友看到门口有姑娘在跳舞，吵闹着要进去，才上门用餐的，这个才是消费者决定进店的MOT。

因为餐厅人均消费一直没有达到预期，老板就不断地增加服务附加值，但老板所做的事（千里迢迢把厨师与服务员从云南带来上海，管吃管住还要培训），并没有影响到消费者的决策，不但没提升消费反而抬高了人均成本。而老板想要撤掉的云南姑娘舞蹈表演，却是进店率的关键。还好老板听了我的建议，不再坚持原本的想法，经过调整之后，餐厅有所改善。所以我们一定要以消费者的视角寻找MOT，企业千万不要自以为是，也就是自嗨，这非常重要。

第四章

消费者在想什么？MOT三元素与三种人

一个小故事：穿户外品牌服装不登山要干吗

始祖鸟这个牌子你听过吗？你觉得是谁在穿？

运动员？极限运动者？专业登山客？

你确定吗？

穿始祖鸟的人一定都喜欢运动吗？

还是你觉得穿它的都是有钱人？

前两年我们协助法国百年户外服饰品牌艾高进行消费者洞察，我们在北京、上海、西安、青岛等城市做了数十场焦点小组座谈会。作为参照竞品，我们也邀请了各种户外品牌包括始祖鸟的消费者，结果相当有趣。

当我们在各地问了许多始祖鸟的忠实消费者之后，我们发现访谈对话经常是这样的：

问：你为什么买始祖鸟？

答：因为很多同事穿。

问：你当初去买的时候，还记得都问了导购什么问题吗？

答：记得啊，我就问有我穿的尺码吗？我比较胖，有尺码就行，导购肯定会再介绍衣服有什么功能，我觉得合适就买呗。

问：你对始祖鸟的材质面料清楚吗？

答：我对科技没研究。

问：你觉得始祖鸟是奢侈品吗？（受访者点头）为什么？

答：贵呗，它的门店一般在比较高端的商场，不是街边店，而且小 Logo 也挺好看的，是一个鸟的骨头，挺特别的。

从以上这段对话中，你洞察到什么？

以户外服装来说，始祖鸟的价钱并不低，一件冲锋衣大概 5 000 元以上，再好一点儿的可能是 8 000 元到 1 万元。始祖鸟的衣服当然有贵的道理，因为其高端系列可以让消费者在狂风暴雨中待 4 个小时甚至更久，身体都能保持干燥，整件衣服从重量、耐磨性、面料剪裁到细节配件都很讲究。所以这种高端服饰，穿的人应该都是登珠峰这类极限运动者吧？还真不是。始祖鸟的主力消费者多为中年男士，还是肚子圆滚滚、跟运动员或户外登山者沾不上边儿的人。重度消费者跟我们预想的完全不一样。

所以这些中年男士买始祖鸟，是去爬山、越野跑还是健步走？其实都不是，他们最常穿着的场景是去办公室，或者穿去跟朋友聚会吃饭。其实说穿了，他们是穿给别人看的，显摆自己高大上，而不是穿出去做户外运动的。

当你请教一个消费者怎么判定这是个奢侈品时，他的结论不是顶级材质，因为他对材质一无所知，他的判断依据是门店的位置。当他看到始祖鸟的门店开在高档百货商场里，门店的位置在一楼奢侈品品牌旁边，而不是四楼的户外用品区时，他的“系统1”就告诉他，这是个高档品牌。

MOT的定义、写法及原则

那我们从这些重要的洞察中，该怎样挖掘MOT？又该怎样写出一个正确的MOT呢？接下来我们就说明MOT的定义、写法及原则。

MOT三元素

“是谁”

MOT第一个元素“是谁”：简单描述一下目标用户。

“在什么状况下”

MOT第二个元素“在什么状况下”：这个时刻越短越好，越精确越好。包括在哪，消费者看到什么，听到什么以及做了什么，等等，提供的具体细节越多越好。

“感受到什么”

第三个元素“感受到什么”：消费者在那个时刻感受到“什么”。这个“什么”一定要写出来。这就是消费者对你的品牌信息给出的心智标签。

如果用始祖鸟的案例来练习，MOT可以表述为（如图4-1所示）：

> 一位胖胖的不运动的女士，在高档购物中心，看到始祖鸟的门店就在一楼奢侈品店的旁边，感觉始祖鸟是个高档品牌。

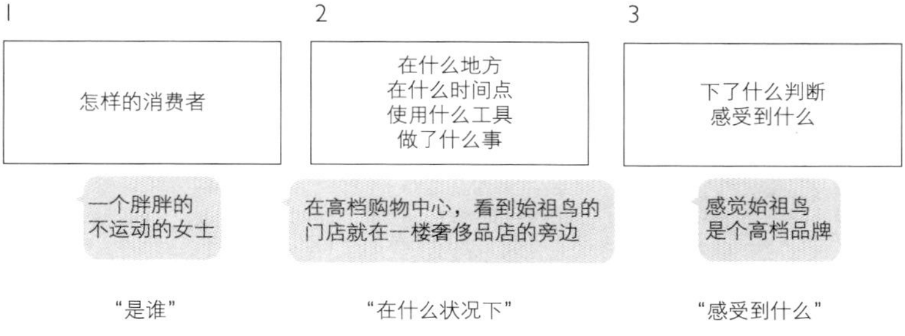

图4-1　一个完整的MOT的三大组成要素

如果以前文提过的那个云南菜餐厅为例，它的 MOT 写法，就可以是（如图 4-2 所示）：

一对带着 5 岁幼童的年轻夫妻，周末去逛百货商场，中午逛累了想找地方吃饭，孩子看到餐厅前有云南姑娘跳舞被吸引过去，他们感受到这是一家有云南风情的亲子餐厅，感觉新鲜就在这儿吃吧。

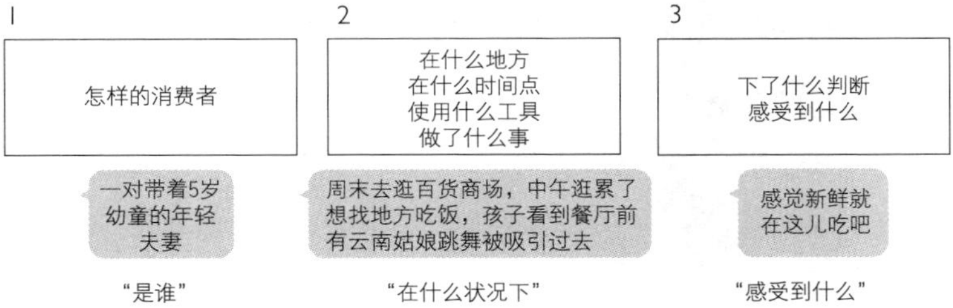

图4-2 云南餐厅MOT

撰写 MOT 的原则

以下是撰写 MOT 的十大原则。

1. 在写 MOT 时建议使用便利贴，因为之后需要和大家一起讨论。

2. 一张便利贴只写一个 MOT，讨论的时候才能整合。

3. 每个 MOT 必须包含“是谁”“在什么状况下”“感受到什么”这三个元素。

4. 一个完整的 MOT 撰写字数至少 40 字。

5. 一个 MOT 的时长最好在 3 分钟以内。如果太长，就必须细化，就是把这个 MOT 再切割成更小的时间单位。MOT 细化程度越高，越有着力点，越容易产生峰值。很多有意义的 MOT 只有 10 ~ 30 秒。

6. 写 MOT，不要写成 MOTX。我们在写 MOT 的时候，先把时刻写清楚，而不要写那个时刻要做的事的细节。不然的话，我们会花很多时间讨论创意，而忽略确定时刻的重要性。比如，你只需要写有姑娘在餐厅门口跳舞，至于姑娘跳什么舞穿什么衣服，在写 MOT 时还用不到这些细节，等到进入 MOTX 设计时，我们再来好好规划。

7. 在确认 MOT 之后，再设计那个时刻具体要做什么事情。到了“落地”篇，我们会提供多种方法让你好好地思考创意。在每次带领工作团队时，我最常见到的撰写错误就是，在写 MOT 时大家将其写成了不该带有那么多细节的 MOTX，而当真正要写 MOTX 时，大家又写成了 MOT，反反复复走不出来，没有设计好真正的思路。

8. 在写 MOT 时不要忘了第三个元素“感受到什么”。其实消费者在那个时刻感受到什么非常重要，我们打算在这个 MOT 里落地什么信息呢？当你设计出一两个或三个 MOTX，并且它们不断地让消费者感受到一致的信息时，这个信息就会进入消费者的心智，消费者就会为你的产品贴上标签。因此千万注意好好思考消费者“感受到什么”这个元素。

9. 在写 MOT 时，可以根据不同的 TA，尽量多写，越多越好。在这个阶段不要排除 MOT。这也是为什么我常常会建议企业内部在写 MOT 时，大家先不要讨论，各写各的，尽量鼓励所有人百花齐放，尽量争取多元视角。先发散，再收敛。

10. 透过市场调查去挖掘 MOT，比坐在办公室里空想要好多了。常用的做法包括一对一访谈、问卷调查、街边访谈、焦点小组座谈、卖场录像动线分析、货架陈列 RFID（射频识别）分析、神秘顾客拜访等等，只要是能客观获取市场情报的研究工具，就是可用的方法。

你必须了解的三种人：“爱你的人”“不爱你的人”“喜欢你的人”

市场那么大，到底哪些对象是我们必须了解的呢？如果企业资源多、时间充裕，也具备调研的专业素养，在做大规模市场调研时可定义的受访对象的参数非常多，在以“人”为研究对象时，我们就可以将他们分成潜在消费者、轻中重度消费者、初次购买者、无品牌偏好者等等。如果以“渠道”为研究对象，就有零售商、批发商、加值商、网络电商等等。再加上地理、经济水平、可支配收入等人口统计学上的参数，可以分群、分众研究的目标太多了。

但是，一般小公司哪有资源这样做啊！说实话，也不需要。不论分众甄别多么精密，其背后的逻辑都是一样的，那就是体验设计一定要是“外部思维”，我们需要引进外部视角，仅此而已。经过我们的百般验证，实操上规模最小但极其有效的研究对象，就是以下三种人：“爱你的人”“不爱你的人”“喜欢你的人”（如图 4-3 所示）。

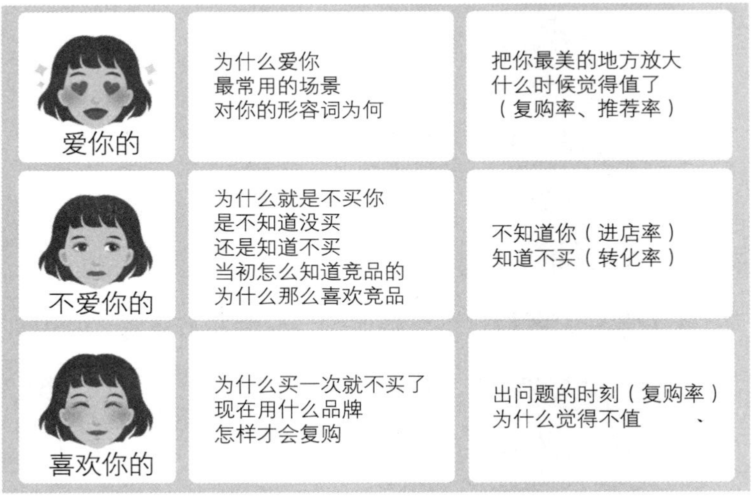

图4-3　你必须了解的三种人

“爱你的人”

第一种你必须研究的人就是“爱你的人”，也就是品牌现有的重度消费者，重度的意思是“三高”，即“购买频次高、平均单价高、使用频率高”。

这些重度消费者为什么如此爱你？他们用真金白银不断地买你的产品，你的产品平均单价高，他们却常常使用，他们为什么爱你的产品？他们怎么知道你的产品的？他们觉得你的产品好在哪里？在什么情况下他们会使用你的产品？为什么一直买你的产品？什么时候觉得买你的产品“值了”？他们会怎么跟别人形容你的产品？这些答案都非常重要，这些就是你的品牌之美。

“爱你的人”真的在你的产品上花了很多钱，说他们是你的衣食父母也不为过。但我常常觉得品牌方、企业主根本就不懂他们，比如前面提到的云南菜餐厅老板。

消费者洞察最重要的事，就是找到你的品牌之美，之后才有办法透过体验设计把你的品牌之美放大。你觉得自己的产品美没用，要爱你产品的人觉得美才行。

“不爱你的人”

第二种你必须了解的人是“不爱你的人”，也就是竞品的重度消费者。一样是“三高”——购买频次高、平均单价高、使用频率高，只是他们买的是你竞争对手的产品。

这些人为什么买竞品？是知道你的产品却不买，还是不知道你的产品所以没买，两者是不一样的。不知道你所以没买，是进店率的问题；知道你但还是不买，是转化率的问题。

想想看，如果这些消费者不知道或没听说过你的产品，那么他们又是怎样知道竞品的？它们明明是同一类商品。深究下去，你会慢慢拼凑出一个信息接触消费者的路径图。另一方面，如果竞品的爱好者听过你的产品，甚至到过你的店，那么他为什么没买？肯定是你的店哪里有问题，所以没办法把流量转化成交易。他为什么一直买竞品，你转都转不过来？他爱上了竞品的哪些细节？这些都是非常重要的问题。

举个例子，苹果手机很强调它的拍照效果是“真实呈现”的，别的市场我不知道，但中国消费者要的是什么？要白，要美颜，在拍照的时候只要手指比一个爱心手机侦测到这一动作就会自动美颜、自动修图，他们要的就是美颜开到最大，看不见毛孔才行，他们才不要什么“真实呈现”。光是这一点苹果手机就没搞懂，所以它在中国市场会很辛苦。

很多企业对竞品的研究停留在产品规格层面的比较上，对其品牌爱好者根本没有理解。如果你对别人没有兴趣，也不知道竞品真正打动人心的点在哪里，又怎么能实现差异化呢？

“喜欢你的人”

第三种是“喜欢你的人”，特指买过你的产品，但之后就不再购买的消费者，他们就是品牌流失的用户。

这类人很可能是在使用你产品的过程中产生了低谷体验，所以买了一次就不再买了，或者你的产品并没有让他觉得值，这类消费者很重要。你没有解决这些低谷，没有让消费者觉得值，那你的复购率肯定不高。

很多企业辛辛苦苦地花钱拉新、转化、带货，但消费者买一次就不买了。他不再买你的产品，那他去买了谁的？为什么？这些都是跟“复购率”有关的问题。《哈佛商业评论》提到，获取一个新用户的成本是挽留老用户的5倍，除非你的公司永远都想花5倍的钱去拉新，不然这些流失用户的原因实在需要弄清楚。

研究“爱你的人”、“不爱你的人”和“喜欢你的人”，是所有洞察的开始，引进外部视角，才有机会看到新赛道。

彻底弄懂“爱你的人”

说到要怎样去理解“爱你的人”，就拿我自己做例子吧。上课教学其实不是我的主业，咨询才是。过去我的培训课程通常只提供给找我做咨询的企业用户，后来香港大学（简称港大）找到我，想借我的实战经验给学生们上课。港大课程结束后需要学生给老师评分，评分表是五分制的单选题，三分是 60，四分是 80，五分是满分 100。第一次上完课，我得到了 82 分。

港大教务长打电话恭喜我：“汪老师，你不简单呀，大部分老师第一次上课只能得 70 多分，你是少数几个第一次上课就超过 80 分的。”

我说：“是吗，谢谢教务长。”

教务长说：“不过呢，我们港大也有明星级的老师，明星级老师都得 90 分以上。”原来这句话才是他要讲的。

我们做洞察的，一听就懂。他希望我继续努力。我再度感谢他。挂了电话我算了一下 90 分是什么概念，如果每两个学生一个给四分一个给五分就能达到 90 分，但只要其中一人给了三分就达不到90分了。

持续迭代与努力一直是我的信仰，于是我从第二堂课开始做一件事，只要有学生要加我微信，我就让他们加；只要是加我微信的学生，上完课后我就会请教他们一句话：

> 谢谢您这次来听我的课，您觉得我这次上课哪里不错，哪里还需要改进？

猜猜看，我问了多少人？我问了近千人，包括我讲的公开课、平台课的学生，我不错过各种场合，不断地听取同学们的反馈，也就是消费者的意见。这个课后访谈到现在我还在继续做，从来没有停止。

问了那么多人之后我才发现，我自己觉得讲得好的地方，同学们不一定买单；而我自己觉得讲得一般好的部分，同学们却觉得很棒。我跟学生想的还真不太一样。

这种领悟是多么真实却又逼人奋进！于是我开始根据学生的反馈修改课件，调整幻灯片顺序，调整讲话的速度、语气、肢体动作等等。我上完课的第一件事，就是听反馈、改课件，再听反馈、再改课件。就这样持续不断地迭代，大半年之后，我获得了教师生涯的第一个 91 分。

这时，港大教务长又打电话给我，他说："汪老师，你真是不简单，你不到一年就得到 91 分，一般要上了五六年课的老师才能拿到这个分数。"

我说："所以呢？"（我知道他有话没讲完。）

教务长说："不过呢，我们港大还有殿堂级老师，是得到 95 分以上的老师。"

这怎么可能！ 95 分就等于几乎全班同学都给我满分五分，只有一两个给四分，这不可能，我不相信！我私下找了代课的班主任请教，这种老师是真实存在的还是坊间传说。班主任说："汪老师，是真的有得 95 分的老师，但很少，全港大只有一两位。您得 91 分已经很厉害了。"

要不断迭代与努力的声音在我心里又出现了，但我怎样才能变成殿堂级老师呢？光听取学生的意见就够了吗？

也许你已经猜到了，是的，我决定去听那些殿堂级老师的课，我乖乖地坐在台下听讲，想弄明白殿堂级老师到底强在哪里，为什么学生这么爱听他讲课。听完两天后我懂了，原来真有“套路”。当下我做了一个决定，那就是大改课件。我把我已经得到90分的课件全部重写，这花了我整整一年的时间，我全部重新构造并认真改写。

这个大工程之后的第一节课，我得到96分，直到现在我都没有低于这个分数，最近一年上课的分数更是高达99分。

我想跟你分享的不是殿堂级这个称号，而是身为一个体验设计者，我们多么容易自以为是，又多么容易找捷径。要倾听消费者的声音，这句话每个人都会说，但倾听的背后意味着面对，要一次次重来，有时候不咬牙还真做不到对自己如此狠。

找到自己的美并放大它，要从消费者的视角出发，不要自嗨，然后从能改善的小细节做起，即知即行，持续快速迭代。一定要提醒自己，没人能第一次就做好，不要妄想一步到位。最后也是最重要的，就是必要的时候你必须抛弃自我，重新来过，这样才能登峰造极。

第五章

你期待消费者做的事 MOT的四维度与企业的侧重点

一个小故事：艾高

艾高是一家法国百年户外服饰品牌，很在意消费者的声音，是一个以消费者为中心不断提升自我的品牌。艾高几年前请我们做个大规模的消费者调研。我们首先执行了企业内部访谈，发现这个品牌复购率很高，产品很好老用户一直在买。

但相对于老用户对业绩的贡献，新用户增长速度不够快。这到底是为什么？

随着调研的开展，我们访谈了艾高的三种人，即“爱你的人”、“不爱你的人”和“喜欢你的人”。我们发现“爱你的人”，也就是艾高的重度消费者，真的非常热爱这个品牌。在消费者座谈会上有位太太，均价 6 000 元的衣服，她一家四口加起来买了 80 多件艾高的衣服。问她为什么，她说这衣服是法国品牌，进口的，还用上了很多户外服饰的高端材质，她认为以这个价位来说并不贵，很值。这个反馈不但印证了高管的观察，也被销售数据再次印证：这个品牌的主力消费者都是 VIP、老用户。

但当我们访谈“不爱你的人”，也就是艾高竞争对手的重度消费者时，我们发现一件有意思的事，那就是在这些竞品消费者最常出没的购物中心里，艾高都有门店，但当我们问他们，有没有听过艾高这个牌子时，这些消费者都露出迷惑的神情，不是很确定。

两家门店，一个艾高，一个竞品，都在同一家购物中心，但竞品的忠实消费者没听过艾高，为什么？这是一个重要的关键时刻。

为了了解这当中发生了什么事，我们拍摄了艾高门店的照片请这些竞品消费者看，结果消费者说："噢！这家店我好像看过，这不是一家卖羽绒服的店吗？"

我们再请他们写下来，看到这家店的照片直觉联想到什么，结果他们写的大部分是"羽绒服、休闲服"，而艾高品牌一直强调的"法国、百年、户外"出现频率很低。

关键时刻就在这里。不管你是街边店、购物中心里的门店、百货公司的专柜，还是网店，在经过那家店的7秒内，消费者如果不能感受到品牌的关键信息，没有走进店，那就没有产生有意义的商业价值。对，时间就是这么短，你的机会就只有7秒。

消费者在经过这家店门口时，能不能感受到这个品牌想要传递的信息让他进店，这个时刻只有7秒钟。这就是影响进店率的关键时刻MOT。

艾高这家法国品牌的管理层很不简单，一理解到需要优化的点，立刻进行店面改善。首先，艾高团队把模特假人身上穿的衣服改成小号，以散发一种更为积极、更具行动力的能量。然后将展示的衣服颜色从中性色调改成色彩饱和度较高的流行色。橱窗海报、模特假人都尽量凸显高阶户外运动者，如马术、帆船运动爱好者等对该品牌的热爱，用视觉冲击直接告诉消费者这是一个进口户外品牌。最后，在橱窗里凸显特殊材质戈尔特斯（Gore-tex）的金色 logo，搭配法国的象征性元素（法国国旗、巴黎铁塔等），以及这个品牌自 1853 年就创立的标志。

这些品牌信息层层叠加，环环相扣，成就了一个视觉效果直接且强烈的场景，消费者在经过时，不用进店就能一眼看出这是个法国百年户外服饰品牌，在店外就能勾起他们的好奇心，不自觉地进店，进店的瞬间，从高科技面料说明、场景式搭配示范、色彩布局、灯光、氛围与影像等，都直击人的五感与直觉，极其效率地传达艾高传承百年的法式生活品味。这些经过调整的店面，一举成为质感与业绩并优的“模范生”，艾高不但成为购物中心里最抓眼球的高端品牌店，营业额同比更是增长了 30% 以上。艾高团队以高效的执行力用心在陈列上做好调整，业绩立刻随之增长，MOT 这套体系落地见效就是这么快。

MOT 的四大维度

我们可以将消费者和品牌接触的关键时刻归纳为四大维度，即“进店率、转化率、复购率和推荐率”（如图 5-1 所示），这四大维度也是四个重要的商业指标。只有围绕这四个指标进行的洞察与落地，才有商业价值。

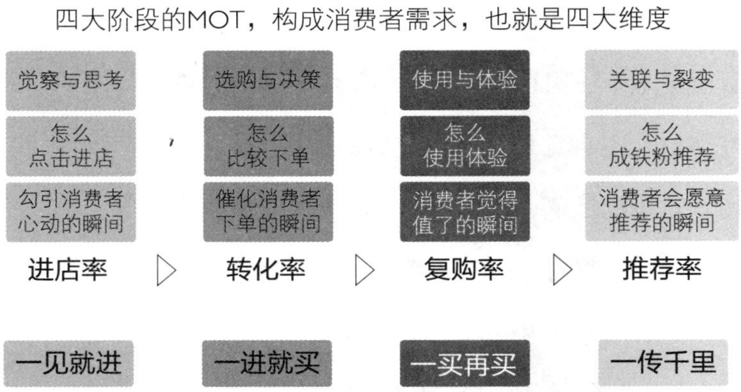

图5-1 MOT的四大维度

四大维度，从用户体验的角度看，就是一个人在跟品牌接触时，从“觉察与思考”到“选购与决策”，然后是“使用与体验”，最后和品牌产生“关联与裂变”这些不同的体验阶段。

我们做体验设计，就是寻找最短路径成就最大功效，投资一两个有用的关键点，去设计，去创造峰值。也就是说，我们挖掘的，是消费者怎么点击进店、怎么比较下单、怎么使用体验、怎么成粉推荐的时刻。

简单讲，做洞察就是寻找消费者何时“一见就进”“一进就买”“一买再买”“一传千里”的关键时刻（如图 5-2 所示）。

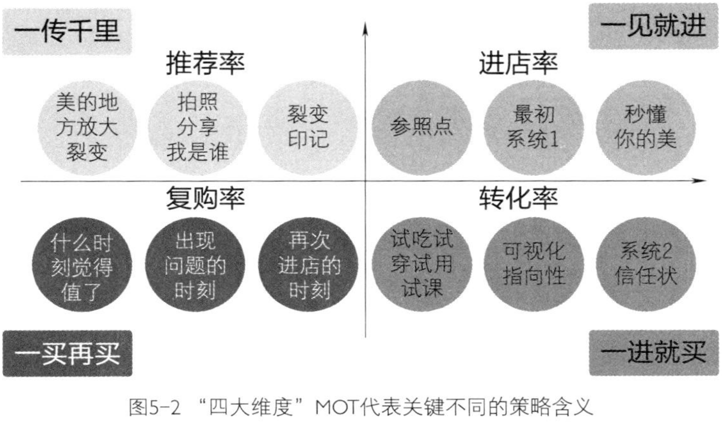

图5-2 “四大维度”MOT代表关键不同的策略含义

进店率的 MOT，消费者“一见就进”

四大维度的第一个维度，是进店率的 MOT，讲的就是消费者“觉察与思考”的过程。营销学有个常用英文单词 awareness，意为知晓，这个单词相当传神地形容了这个过程。消费者当初是怎么知道这个品牌的？媒介是什么？如果是听朋友介绍的，那么他的朋友又是怎么说的？这些都是一个消费者首次理解你这个品牌存在的方式。若这位消费者只是在乱逛时不小心走进来，那么在店门口是什么抓住了他的眼球？在网上他为什么会点击进入你的网店？这些都影响了消费者会不会进店的刹那，我们称其为进店率的 MOT。

以服装店为例，消费者会走进一家店，有太多原因。有可能是朋友提过这个品牌，现在超火，她赶紧来看看；有可能是在小红书上看到哪位明星穿，太好看了，想来复制一套；也有可能就是在购物中心一边滑手机一边闲逛，眼角的余光瞄到橱窗里的亮丽新装，一下被击中了；又或者收到店里搞活动的信息，特地来换进店礼品。只要能把客人吸引到店里，一见就进，就算得上是进店率这一维度的关键时刻。

转化率的MOT，消费者“一进就买”

第二个维度，就是转化率的MOT，讲的就是消费者“选购与决策”的过程。简单地讲，就是消费者买东西时怎么比较怎么选择，拿哪些品牌和你的比，比哪些条件，会参考谁的意见，这些都是转化率的MOT。

一位顾客进了你的店，问东问西，试穿了半天，问导购好不好看，有没有折扣，送什么赠品，有什么优惠，最后掏钱的那个瞬间；或者滑手机在网店瞎逛，什么条件下他会把这个商品放进购物车，放购物车之后有没有付钱，为什么删掉，最后按下支付键的原因是什么，这些都是消费者做出购买决策的关键时刻，也就是转化率的MOT。

还是以服装店为例，消费者进店以后，就是流量转订单的决战点。他在店内是怎么绕行的？有按照我们希望他优先看到的商品依次转动吗？主打商品能否吸引他试穿？悬挂的衣服是否好翻好找？商品说明信息他自己能搞明白吗？尺码或颜色是否通通摆在架上，还是挑主打摆放就好？这些还都只是陈列的MOT。

当客人开始乱翻衣服时，导购在什么时间点切入，有没有眼力判断顾客的需求，顾客问哪件是最新款，材质是什么，好在哪，怎样穿搭，在试穿不合身时请导购换尺码，上身后问导购好不好看，要买的时候发现没库存要调货，以上这些都属于“人”的部分，人指的就是导购、柜员、服务员，不管称谓是什么，他们的软实力将极大地影响成交。

商品陈列、促销活动、销售话术、鼓励试穿试用试吃、关联商品交叉摆放等等，只要能激发购买欲望，将进店流量转化成交易，就是转化率的MOT。

复购率的MOT，消费者“一买再买”

第三个维度，是复购率的MOT，讲的是消费者“使用与体验”的过程。消费者在什么情况下会使用你的产品？最常使用产品的场景是什么？为什么有的消费者买一次就不买了？消费者使用过程的低谷出现在哪里？他之后又改买了什么品牌？为什么消费者会不断地重复购买？哪个关键时刻消费者真心赞叹钱花得值了？这都是复购率的 MOT。

我们以前面提过的户外服饰品牌始祖鸟为例，那件衣服对他来说什么时候最值？是他去登 4 000 米的高山遇到暴雨，那件衣服救了他一命的时候？还是他穿着衣服参加聚会，朋友极力称赞他品位高，还一直追问他这件衣服在哪里买的，怎么这么好看的时刻？那个让消费者觉得值了的刹那，就是复购率的 MOT。

复购率的 MOT，讲的是消费者把产品买回家之后的体验。品牌体验设计在这个维度的目标，峰值应锁定在让消费者买了还想再买、不断地复购上。

推荐率的 MOT，消费者“一传千里”

最后一个维度，就是推荐率的 MOT，讲的就是消费者“关联与裂变”的过程。老客户为什么想帮你拉新客？为什么他会主动推荐？客人怎么变铁粉？他对别人推荐你时是怎么讲的？那些消费者想帮你讲好话的刹那，就是推荐率的 MOT。

推荐率的重点在“裂变”。品牌在这个维度上，一定要搞清楚社交裂变是怎么发生的。要知道，让消费者掏钱买东西其实并不难，但要他在自己的圈层内为你背书，帮你推荐，就相当不容易了。品牌给出什么诱因能让他甘心这么做呢？为什么有的消费者愿意不停地买你的东西，但就是不推荐给朋友呢？这些都是我们要挖出的推荐率的MOT。

品牌应该跟超级 VIP（买了很多产品的老客户）保持深入而良好的关系，让他感觉到尊荣，让他带朋友来买。甚至有没有办法让 VIP 彼此成为好朋友，最终形成一个紧密的社群，透过社交渠道让品牌影响力快速扩散，这些都是这个维度很要紧的工作。

我们曾为一个高端服饰品牌做策划，目标是帮助它提高推荐率。我们的策划是办一场在六星级酒店举办的超高档时装秀，找法国的名模走 T 台。重点是，只给这些超级 VIP 一个携伴名额边吃下午茶边看走秀。名额这么限定，你觉得他会不会邀人来呢？答案是肯定的，俗话说得好，贵妇的朋友也是贵妇，一个拉一个，场子就坐满了。

我们给品牌客户设定的活动宗旨只有一个，就是“给足超级 VIP 面子”，所有精心策划的细节都是为了让超级 VIP 在朋友面前露脸，让他被羡慕，同时现场完全没有任何销售行为。时装秀结束后，在场每位 VIP 都收到 2 000 元的礼券，你猜这些 VIP 和他们的朋友离开秀场之后，第一件事是干什么？就是一起到店里把礼券花掉。那个月该品牌立马得到翻番的新客户。

洞察就是找出消费者“一见就进”“一进就买”“一买再买”“一传千里”的瞬间。不同的企业面对的问题不同，即使是同一家企业，在不同的阶段面对的问题不一样，侧重点也会不同。我们接下来要谈的，是怎样判断企业的问题出在哪个维度上。

企业判断四大维度的依据

判断企业的问题出在哪个维度上，可以用图 5-3 来说明。

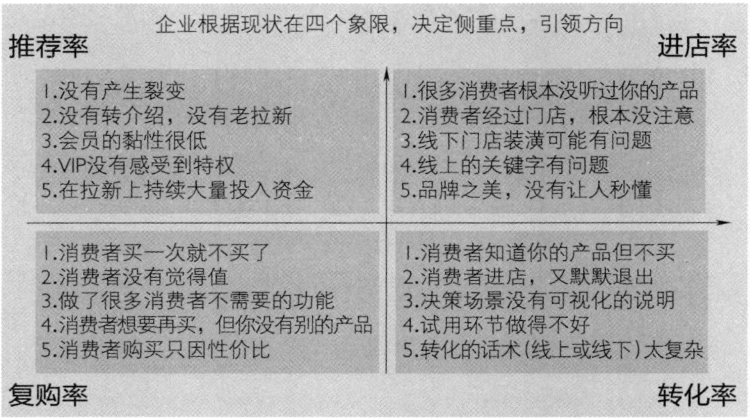

图5-3 如何判断企业的问题

进店率的问题

进店率讲的就是消费者怎么会知道你的产品。商场里有那么多店，他为什么偏偏走进某家店？为什么在网上他会点击进入你的网店、公众号？没有流量就没有生意，客人进不进店是所有事情的起点，不进店，一切都是空谈。

你如果有以下这些状况，可能就是进店率出了问题。

■ 很多消费者根本没听过你的产品。

- 消费者经过门店，根本没注意。
- 线下门店装潢可能有问题。
- 线上的关键字有问题。
- 品牌之美，没有让人秒懂。

转化率的问题

客户已经进了店却没有买；点击进了你的网店又走了，购物车里的东西放进去又删了；B2B 企业远渡重洋参展，业务人员在现场收集了一堆客户名片，却一张订单都没有；业务人员去客户那儿交了提案，对方却没有兴趣往下谈；品牌花大钱买了网络流量，访客的确进来了，但网页停留时间过短，下单数太低，这些通通都是转化率的问题。

转化率另一个说法叫成交率，就是客人已经上门了，但最后没有掏钱。这就是俗话讲的“到嘴的鸭子飞了”，鸭子都到嘴边了却没有吃到，如果是这样问题就大了。线下的转化率不好，通常和业务人员或导购有关；线上转化率太差，通常是信息太多太乱，消费者出现选择障碍。不管是这两种原因的哪一种，转化率低都是企业致命的缺点，这方面没有改善，前期怎么导流都是白费力。

如果企业或品牌有以下状况，就可以判定是转化率出了问题。

- 消费者知道你的产品但不买。
- 消费者进店，又默默退出。
- 决策场景没有可视化的说明。
- 试用环节做得不好。
- 转化的话术（线上或线下）太复杂。

复购率的问题

消费者觉得买你的产品值了吗？觉得值了他才会再买。比如手摇茶饮，你路过这家店，从外观看了一下感觉好像很不一样，就进店点了杯招牌茶饮，喝了觉得真难喝，下次再也不买了。这就是典型的进店没问题，转化没问题，但复购出了问题。

一般来讲，复购率低都是消费者在使用产品的体验过程中出现了低谷，或者消费者觉得不值，产品很平庸，不值得再买。不是说企业不必重视产品或服务，而是说企业要检视对自身而言较紧急的问题出现在哪个维度上。

我在上课时讲到这里，偶尔会有学生问："老师啊，我的产品真的有问题，东西很差。怎么办？"能怎么办，当然是改产品。体验设计和产品设计并不是互斥的两条道路，我可从没说过烂产品能带来好体验。

以下列举了一些状况，它们能协助你判断复购率是否出了问题。

- 消费者买一次就不买了。
- 消费者没有觉得值。
- 做了很多消费者不需要的功能。
- 消费者想要再买，但你没有别的产品。
- 消费者购买只因性价比。

推荐率的问题

最后一个维度是推荐率，它是拉新裂变的关键。最有效的拉新，就是善用“爱你的人”。很多企业一看到业绩下滑，就会习惯性地烧钱以获取新用户，这是很可怕的成本。为什么不好好地跟老用户建立深度关系呢？老用户会帮助我们达成两件重要的事，一是他个人会帮助我们达成业绩，他自己会不断购买；二是他有能力帮助我们拉新，帮助我们创造新的业绩。

分享是人类的天性，关键在于你有没有善用老用户。像前面提到的艾高的例子，均价 6 000 元的衣服买了 80 多件的那位超级 VIP，她会跟朋友说这个品牌不好吗？没有人会这样自打嘴巴。但身为品牌方，我们有没有制造机会让她帮我们讲好话呢？

很多企业讲到经营老用户，马上就想到会员制。但其实用会员制去维系忠诚，效果不一定好。大部分人都是贪图优惠才成为会员的，谁手上没有十个八个会员账号？会员制有时是双刃剑，就说那位买了 80 多件衣服的 VIP 吧，她心里难道不会想：我买了 80 多件，你就买了两件，你是会员，我也是会员，我和你有什么差别?!

所以我不讲会员制，而是强调“推荐率”。品牌不应该让注意力只停留在会员人数的增长上，而是应该向前一步，提高用户推荐用户的相关指标。你有没有机制去激化老拉新，或者有没有创造不同级别客人之间的优越感差异？这才是提高推荐率应该思考的问题。有推荐，才会有裂变。

全世界会员制做得最好的其实是航空公司，你的飞行里程累积到一定程度，你会拥有不同的特权，因为这些特权，即使你对某些体验有一点点不满意，你也会继续乘坐。**对老用户的最好报答，不是钱，而是特权。**人会为了得到特权，或者维系已有的特权，额外做出很多努力。

以下列出一些推荐率维度出现问题的情况。

- 没有产生裂变。
- 没有转介绍，没有老拉新。
- 会员的黏度很低。
- VIP 没有感受到特权。
- 在拉新上持续大量投入资金。

判断企业问题出在哪个维度的提醒

第一，MOT不仅仅发生在“使用阶段”，四大维度都会有MOT。不要一下子把重点放在产品上。如果你现在面对的问题是进店率太低，改善产品并不会立刻增加进店率。消费者的决策不仅仅是购买决策，消费者的体验也不仅仅是使用体验，我们要让思考维度更全面，才有机会看到新的机会点。

我服务过众多企业，我有个很深的体会，就是企业家看自己的产品或服务，永远都在挑毛病，觉得自己的产品不够好，其实这只是看你从什么角度看问题。为什么我一直强调体验设计需要洞察，需要从消费者的视角去理解产品，就是因为消费者花钱买东西，很多时候跟产品好不好一点儿关系都没有。消费者根本没有注意到你的产品，或者只是知道但就是不买，这才是最该优先解决的问题。不要纠结于产品改善这一维度，四大维度你都要重新审视。

第二，四大维度的MOT不需要等比例展开，而是要根据企业侧重的维度去深挖。这对很多企业家来说是很恐怖的事情，对过去的决策惯性是极大的挑战。体验设计绝对和峰值有关，千万不要又回到想要全面提升的误区。什么都要100分，什么都想解决，那就什么都解决不了。

通常以产品为中心的公司最容易把重点放在复购率上，重点改善产品，因为这是它最会做、最有把握做好的事。另外，对于营销公司来说，它会把眼光放在进店率、转化率上，毕竟它的专业就是搞很多活动让客人进店，但是随着时间的推移，它会发现复购率很低。所以我觉得我们最好反过来思考，不要哪里弱就先改哪里，而是要看现在企业的侧重点在哪里。

以某些老公司老品牌为例，老品牌的客户通常忠诚度高，客户年龄也比较大，这些老店的收入来源大部分都靠老客户，但是它们的老拉新是很糟的。所以这些老品牌的重点不能放在改善产品这一维度上，要知道，改善产品是要花钱、花时间的，而且有可能你的产品一改，老客户反而不喜欢了，因为他喜欢这个品牌的元素被你改掉了，这个风险是存在的。所以对老品牌来说，最大的议题是如何降低拉新的成本，利用老客户的社交圈层去裂变，这才是做到点子上。

第三点，不同的TA重视的MOT不同，在挖掘MOT的时候要尽量写，写得越多越好，之后在挑选的过程中才能有更多选项去做精选，才能有排除的空间。我建议针对三群人（爱你的人，不爱你的人，喜欢你的人）和四维度，至少写出 50 个以上的 MOT。至于怎么选择 MOT，我会在后面的“落地”篇细说。

第四，品牌轮策略就是做选择，选择哪些 MOT 要设计成峰值，哪些 MOT 是无用功，不要再做了。透过三群人，搭配四维度，企业要有能力在众多关键时刻中做出选择。

因此，访谈关键的三群人，然后深挖 MOT，这个研究过程非常重要，只有拥有扎实而客观的信息，才有底气选出 MOT 进行峰值设计。增强和放弃 MOT，都是体验设计的重要策略，你要知道，弭平低谷能帮你省钱，这样企业才有资源集中火力创造峰值。

案例分享：厦门伴手礼名店苏小糖

如图 5-4 所示，凭直觉你觉得这家店是卖什么产品的？

如此美丽的门店设计，有人会说这是卖面膜、卖香氛、卖化妆品的，感觉很梦幻。如果不是刻意找上门，而是快速经过店面的顾客，他们并不会马上察觉这是一家糖果店，但它的确是卖牛轧糖的，它是厦门伴手礼名店苏小糖。

图5-4　厦门伴手礼名店苏小糖

苏小糖是厦门当地非常有名的网红打卡胜地。问题来了，观光客千里迢迢来到厦门，找到苏小糖，在门口摆出各种姿势拍照，但有的人拍完就走，转化率没有达到苏小糖的期待。

我们对苏小糖的团队进行访谈，深挖之后我们发现，苏小糖的牛轧糖其实有很多做得非常好的地方，只是没有被放大。首先，苏小糖的用料相当讲究，每一颗牛轧糖差不多都是用一杯牛奶和一颗草莓混合做出来的，质地非常纯，还有来自新西兰的顶级奶油，但这些信息消费者在门店里都没有察觉到。

苏小糖有超过 12 种不同的口味可供选择，已经累积销售超过 1.5 亿颗牛轧糖，它是 2019 年食品界诺贝尔奖金奖（比利时 MONDE SELECTION 世界质量评鉴大会）得主，这么多品牌之美，都应该被放大才对。

我和研究团队每天在苏小糖的门店外坐差不多 8 小时，连续好几天，看到很多游客在门口拍完照就走了。我上前拦住一位年轻妈妈，客气地请教她为什么不进店购买，她说其实不怎么愿意给孩子吃糖，“糖对健康不好”。

这就是一个关键时刻！在现代人的心目中，糖是个负面词语，很多人对糖有成见，认为吃糖会变胖，会导致龋齿，对健康不好。怎么办？我请她试吃，她很意外地发现：“这糖不太甜呢。”我告诉她，苏小糖的牛轧糖是用天然海藻糖做的，海藻糖热量只有蔗糖的 42%，甜度也只有蔗糖的 10%。2017 年，日本有研究指出，相较于等量的葡萄糖，摄取海藻糖后的血糖上升幅度较低，胰岛素分泌也较少，海藻糖还能减少龋齿的发生，这是有实验数据的。这个妈妈一听完就说：“难怪不甜，那小朋友也可以吃啰？”我说对。于是这个妈妈拿起两盒就去结账了。

苏小糖的团队特别可爱，他们觉得用料实在是理所当然的，不是什么需要特别强调的事。但消费者没办法直觉地了解你的好，再加上导购没有好好解释，转化率自然很差。另外，经过苏小糖门店的7秒，消费者不太容易一眼就看出它是卖牛轧糖的，因而进店率不会太好。关键时刻的信息消费者没能感知到，这是很可惜的事情。

我们学习MOT，就要练习洞察，找出你的品牌在进店、转化、复购、推荐四个维度上有哪些问题，练习找出你的优势在哪里，然后放大你的优势。我常看到很多企业花了很多钱找广告公司写文案，找设计师做门店装修，改造品牌标识重新做包装，但若在关键时刻你没让消费者接收到你的信息，他没有做出你所期待的事情，这些钱就白花了。

苏小糖团队最后做了很多努力，包括确立团队愿景、建立共同语言、就企业想要优先解决的问题达成共识，然后改善门店、改善试吃流程、改善陈列、改善包装，在关键时刻的细节放大自己的美，这些改变逐步发挥了作用。希望大家有时间去厦门苏小糖门店，亲自感受一下它最终呈现的效果。

第六章

如何让消费者做出你期待的事
系统 1 引领的体验设计观

一个小故事：办公室手冲咖啡的奇幻旅程

很多和我熟识的人，都知道我特别喜爱手冲咖啡，我不但热衷于研究，还跟世界咖啡四大赛的冠军学习过。不管到哪个国家，我都会寻找当地最出名的咖啡店，去品尝别人的手艺，和高手交流，还因此交了很多好朋友。我自己的咖啡

豆也都有专门合作的烘豆师，我对手冲咖啡不只是爱，还有坚持和讲究。

因此，当我在上海 BFC 外滩金融中心成立办公室的时候，我想要放大我的美，打造我的印记，该怎么做呢？就是把办公室变成“咖啡厅”，融入很多体验设计。

首先，外滩金融中心是个高大上的写字楼，气势宏伟，来我们公司的人，上来之前大概会认为我们办公室是干练的专业咨询公司风格，结果当走进真观顾问时，他们可能会略微吃惊，跟想象的不一样啊！这是间有品位的咖啡厅吧，是办公室吗？（最初时刻，打破刻板印象。）

进入我们的办公室之后，我们的同事会招待你坐好，跟你说，汪老师待会儿会亲自冲咖啡给你喝，但是要请你先去选杯子。我们办公室有超过 40 种风格各异的设计款咖啡杯，你选好之后，汪老师会告诉你，你选的这个杯子代表的意义，同时提示你这里面有几个咖啡杯超过 2 000 元。

你会带着惊喜去选，想着不知道等一下汪老师会怎么说。这时我会出现，问你平常喜欢喝什么口味的咖啡，我会打开几种不同咖啡豆的收藏罐，一边告诉你这几种咖啡豆的特性，一边请你闻一闻，选一款。同时说明这些豆子的价格大概是市面上普通咖啡豆的三四倍，有些还是比赛冠军豆。我会告诉你这些咖啡豆来自哪些庄园，为什么那么贵，到底好在哪里，等一下你可以期待喝到什么味道。在一番铺陈之后你已经完全进入情境，这时你心中会说："哇，怎么这么专业！"

不过，故事才刚刚开始。这时你看到我手冲的工具，会再一次感到惊讶，你可能从没看过这样的设备，两个电子秤，iPad Pro（苹果平板电脑）在旁边，我还要不断地冲洗滤纸，温杯，你刚刚选好的豆子是用从日本专程带回来的职人咖啡专用磨豆机现磨的，瞬间整个空间充满咖啡的魔性甜香。热水咕噜咕噜地翻滚着，然后你看着我用设计精致的BALMUDA 弯嘴手冲壶，将 97℃的热水缓慢地倒入滤杯。两个电子秤同时都在计时称重，一个监控倒入多少水，一个看已经流出多少水，整个过程 iPad Pro 联动电子秤会记录所有细节。

你看着我边注水边看着屏幕上很多的曲线在变动，断水、闷蒸、滤杯里的咖啡粉膨起又消下，浓烈的咖啡香气扑面而来，你的好几个感官同时受到冲击。这时你已经不仅仅是期待那杯咖啡的滋味了，你应该已经拿出手机想要拍下整个过程了。

不到2分半钟，我将冲好的咖啡倒进你自选的杯子中，亲自端给你，请你品尝。你喝一口想说不会吧，这是咖啡吗？怎么甜美得像果汁，竟然还带着花香。

你端着那杯咖啡进入会议室，心神还未定，你想说汪老师真是专业，这咖啡真好喝，我要立刻发朋友圈。离开办公室时，你觉得除了会议还有很多收获，咖啡的香气还在你身上，味道还在你嘴里。以后有机会你见到人就会说，我上次去过一个不像办公室的办公室，那里如何特别，咖啡有多好喝，体验有多奇特。

我希望来过我们办公室的每位客人，都带着这种印象走，因此我营造的是一个集合了五感的体验设计，并且充分运用了峰终定律。这个体验过程有“最初”一进门的惊艳；有“最高”点喝到咖啡的刹那；有打破刻板印象：跟你原本想的办公室不一样，跟你想象的咖啡不一样；再加上视觉、听觉（磨豆）、嗅觉、味觉还有触觉的层层进击，同时配合手冲咖啡的仪式感，整个过程就是一连串的惊叹，惊喜不断。还没开会，你已经觉得汪老师很专业了（信息进入心智），当离开时你可能会跟朋友分享这次别样的经历。我就是希望你带着这种感觉走：汪老师果真是做体验设计的，这感受真的很不同。

这一章我要跟你分享的，是我怎样运用五感，怎样运用系统 1，怎样放大我的美，怎样做出这些体验设计的。支撑我的体验设计理论体系最关键的理论架构，就是卡尼曼提出的系统 1 与系统 2。

掌握“系统 1”“系统 2”的运作，才能在 MOT 影响消费者的决策

要消费者买单，首先当然要理解人是怎么做出决策的。在做决策时人到底是理性的，还是不理性的？

丹尼尔·卡尼曼是位行为经济学大师，他在《思考，快与慢》中提出，人类大脑的思考运作方式分成两种，即“系统 1”和“系统 2”，人类有两个自我，“体验中的自我”与“记忆中的自我”。“体验中的自我”每分每秒都在经历着生活，然后把这些经验交给“记忆中的自我”储存。

实际上我们在提取记忆时，权重只会摆在最好、最糟糕或最后的印象上，这也就是峰终定律。峰终定律告诉我们，那一两个关键时刻构成了我们记忆的大部分。

人类所接收的“描述性与表征”信息，因为五感交互作用，不断强化影响着我们的认知系统。系统 1 很难被关掉，它能让人们快速地下判断，但牺牲了决策的正确性。卡尼曼下过这样的结论：“系统 1 让我们几乎不会被卡住。”卡尼曼强调，人类的经验法则在大部分情况下运行良好，但偶尔会失灵，这些失灵是因为系统 1 充满着各类认知偏差。

系统 2 就是慢思考，讯息来源各自独立，运用系统 2 需要很多的自我控制（选择将注意力集中在该事物上）以及认知努力（处理该事物）。在大部分时间里人类都在使用系统 1，但在紧张或有特别需要时，就会启动系统 2。

系统 2 属于理性逻辑思维，它让人专注地进行分析计算，所以系统 2 十分耗能，而且速度缓慢，需要摄取糖分，也很需要睡眠，系统 2 用多了还会让人烦躁，让人感觉很疲惫。所以在大部分时间里，人类的系统 2 处于待机模式，极小化地使用最少资源，主要由系统 1 不断地提供给大脑印象和感觉。如果有系统 2 的支持，这些“感觉”就会变成“想法”。

系统 1 和系统 2 的工作分配非常有效率，主要的设定就是不要耗能，两个系统以快捷的交互作用方式，推动人类做出各种决策。

想要和人类心智对话，想要让信息进入心智，你就必须理解熟悉系统 1 与系统 2 的运行逻辑，只有这样你才能驾驭系统 1 与系统 2 的人脑运作，影响消费者的决策。

理查德·塞勒这位 2017 年诺贝尔经济学奖得主，是另一位知名的行为经济学家，他提出理性的经济人是一种过于理想的简化假设，他认为现实中的个人往往依靠直觉来解决问题。塞勒说过一句话：“如果希望人们做什么事，就要让这件事变简单，并移除所有障碍。”

塞勒更主张，人类做出的决策，受理性的影响有限。人类有限的理性、有限的自制力、有限的自私，形成了市场里大多数的决策行为，而这些“有限度的理性”完全有迹可循，“具有系统”且“可预测”。

理解人类消费行为包含的各种能够操纵的元素，是营销人员应该掌握的基本功课。只有“移除障碍”，并针对人类大脑的懒惰行径做出预测，才能掌握体验设计的精髓。接下来，我们谈谈该如何将这些行为经济学上的重大发现应用于体验设计。

卡尼曼与塞勒两位大师：关于体验设计的十大重要定律

自我耗损

自我耗损（Ego Depletion），这个理论的要义是，大脑采取的是“最少努力法则”，人脑用来处理信息的容量和精力是有限的，每做一次决定都会耗损脑力，影响后续的决策质量。当人感到疲累时，大脑就自动进入系统 1 思维，去寻找最简单、最安全的选项。人倾向于做出最容易想到的决定，而不是最佳的决定。当我们做讨厌的事情时，会占用系统 2 更多资源，因为自我控制需要大脑额外做出努力。

因为人类大脑的这种天性，追求高效的人会更加留意分配心智资源，将其投在最有价值的事情上。例如史蒂夫·乔布斯永远只穿黑色上衣，或者美国前总统奥巴马只着蓝黑二色的正装，他们就是要把大脑效能留给系统 2 去运作。

简单才是大脑的天性，所以没事的时候大脑不会启用系统 2。在进行设计体验时，越简单，越符合五感、直觉的事物，越容易被系统 1 接纳。我们应该力求简化，让消费者停留在系统 1，而不要做出让他启动系统 2 的设计。这就是自我损耗理论给我们的重要启示。

启动效应

启动效应（Priming Effect）最早是由美国的心理学家戴维·梅尔和史凡德维特发现的，讲的是前一个刺激会影响你对下一个刺激的反应。如果先让人们接收某个信息，他们后续对相同类型信息的刺激反应会加速。启动其实就表示，个人解释新信息的方向容易受到前一个或最近信息的影响。简单讲，就是“经验”与“联想”会影响判断。

启动效应也有人称“立即联想效应”，我们可以把它想象成将一个小小的概念投入心智的湖面，由此激发出的层层涟漪。因为联想会引发联想，这就形成了“脑补”：人类经过暗示或被植入想法之后，自我完成对情节的补充。

这种用“诱导讯息”去改变人们行为的方式，已经被广泛地运用到营销活动中。但是当消费者发现此讯息的目的是影响他们的行为时，他们可能会将此讯息归类为“说服手法”，会出现过度的修正偏差，反而得到反效果，因为你启动了他的系统 2。

所以理解消费者对某些讯息的联想是很重要的，那代表他们的人生经验。我们在进行体验设计时，怎么善用“诱导讯息”，让消费者因为动作、道具、仪式、环境等等，产生“启动效应”，这样讯息才会进入大脑，进一步改变消费者的认知，影响他们的决策。

认知放松

人对熟悉的事物会产生好感，这种状态被卡尼曼称为“认知放松”（Cognitive Ease）。心理学家罗伯特·扎荣茨做过一个实验，在教室黑板的小角落里，每天会出现一个奇怪的外国单词，这些词每天都会换，偶尔会重复。9 个星期后他请学生做一份问卷，从 14 个外国单词（其中 4 个曾经出现在黑板上）中挑选自己喜欢的，结果最受喜爱的词，就是黑板出现过的。这被称为“单纯曝光原理”（Mere Exposure Principle），意思就是人们对熟悉的事物会产生好感。

人们对熟悉的事物会产生好感，所以当一个讯息不断出现，一次、两次、三次之后，我们就会信以为真，觉得这个讯息讲的是对的。业务员厚着脸皮一直登门拜访推销，时间久了都会成功，道理是一样的。例如，卖场里有轻松的音乐、柔和的灯光、可视化的展示、简单易懂的说明，还有香氛，这些情境让人感受到好心情，当认知放松时，消费者容易保持在系统 1 的状态中。

和认知放松相反的，就是认知紧张，认知紧张会启动系统 2。例如，你正在阅读一段不容易看懂的文字，一些怪里怪气的品牌命名，自创的英文单词、连外国人都不知道怎么发音的那种，这些都可能造成认知紧张。系统 2 一旦启动，人的戒心就会很高，他会排斥你传递给他的讯息。

认知放松，通俗地讲，就是洗脑，就是“重要的事情说三遍”。大量重复被曝光的信息，就会让人信以为真。再比如“假软文真营销”，文章貌似有道理，里面其实处处是植入。最后一招，就是将环境、信息都打造得让消费者好消化好理解，这样他就会心情好，心情好就容易做决定，这都是“认知放松”的操作。

期望（前景）定律

卡尼曼认为大多数人是“有限理性”（bounded rational）。人在面临获得的决策时较为小心保守，而在面对损失的决策时，却很愿意冒险。这证明人对损失和获得的敏感程度是不同的，损失的痛苦要远远大于获得的快乐，因此“先避损，后趋利”，这是个非常重要的定律，尤其在转化率这个维度上。

当你对消费者说这个蔬菜多营养多好时，消费者不一定相信，或者觉得就是多了点儿营养，不值得多花那么多钱。但是你跟消费者说，这个蔬菜不含农药，是有机无毒的，吃了全家人的健康有保障，消费者就愿意买单，甚至愿意付更多的钱。事实上，有机蔬菜不会更有营养，也不一定更好吃，但没有正分没关系，至少它是没有负分的东西。所以这个付出去的溢价，消费者买的是“避损”，不是“趋利”。

锚定效应

锚定效应（Anchoring Effect）讲的是人类的认知会被初始值影响，讲的是“参照值”的重要性。在进行判断时，我们常常过分看重一开始的印象，进而产生有失偏颇的认知。例如，你去买茶饮，一杯 10 元，两杯 18 元，结果你买了两杯。这个 10 元就是一个锚定点，它让你以为买两杯更划算。事实上，你本来只需要花 10 元，结果多花了 8 元买了原本不需要的第二杯。

锚定效应是很惊人的，比如你跟名人合照，大家立刻觉得你也是个大人物。如果你的店开在爱马仕旁边，别人就会觉得你跟爱马仕处于同一个档次。先释放出一个信息或一个数字，消费者的感知就会受到影响。先帮助消费者下一个锚定点，也就是建立一个参照值，这会极大地影响消费者的决策。这个理论已经被广泛使用，例如百货公司按照定价买二送一；

品牌强强联手，例如门店要开在高档百货公司里，都是同一个道理。

规划谬误

规划谬误（Planning Fallacy）最早由卡尼曼和他的合作伙伴阿莫斯·特沃斯基提出，他们认为人们在估算需要多少时间才能完成任务时常常离谱地乐观，而且因为过于乐观而出现的规划谬误普遍存在。套用卡尼曼的话，“规划谬误是一种高度稳定的现象”，经常产生 20% ~ 50% 的错误率。

人类总会高估自己，以最佳情况去估算规划，这是这个谬误的核心。例如，成为健身房会员，加入的当天信心满满，觉得今后一定会天天去，然后呢？可能去几次就不去了。或者贪图优惠买了很多餐券、充值卡之类的，想着总会有用的，但大部分人把优惠券都放到过期，放到忘了。那些销售梦想、贩卖未来使用权的规划，都运用了类似的概念，它们在很大程度上操纵了那种你以为你可以做到的心态。

框架效应

框架效应（Framing Effect）的重点是：第一，事情有很多不同的表达方式，同样内容不同说法会引发不同的反应与结果，当两种逻辑在结果上相同但在说法上不同时会导致消费者产生不同的决策；第二，“参照点”对人们的决策行为有着重大的影响；第三，也是最重要的，人们对“损失”的重视比同等的“收益”要大得多，简单讲，人是“先避损”“再趋利”的。其实，框架效应可以说是整合许多实验定律的一个综合指标。

举例来说，超市里的肉，标签上写着“85% 瘦肉”会比写着“15% 肥肉”的肉卖得更好。相反，卖低脂牛奶，标榜“本产品 90% 不含脂肪”会比“本产品仅含 10% 脂肪”的牛奶卖得更好。在网购时，一定要写 3 200 元包邮，千万别写购物 3 000 元另收 200 元运费。这几个例子从数字结果上讲完全一样，但给人的心理感受是极不相同的，这就是经典框架效应的操作。

再举一例，买零食称重时，你跟老板讲买 100 元的，他称一下之后拿走一两块，你一定很不爽；但如果称一下他往里头再加点儿，你就会很开心。其实老板给你的零食都是100元应该有的分量，但这个小动作往往会影响消费者的感受，这就是因为大脑有规避损失的倾向。

“框架”其实就是视角，就是参照点，是每个人都会使用的心理参照机制。我们如果非常理解消费者，就可以先他们一步提供一个框架，“换个说法”，帮助他们建立看事情的新角度。如此一来，他们就会停留在系统1中，吞下我们配置好的信息。

确认偏误

确认偏误（Confirmation Bias）指人们倾向于寻找支持自己的论点，然后忽视相反或否定自己的意见。这种不停地搜集证据支持自己的观点以及忽略其他信息的做法，会让人把一切新信息解释成符合自己想法的观点，最后将导致认知偏差。

我们常常听从直觉，循着系统1给的一丁点儿提示就快速做出结论，然后利用系统2寻找支持自己感觉的证据。卡尼曼说："他们不想知道更多讯息，以免破坏他们原有的故事情节，他们比较相信自己见到的就是事实。这就是人类心智的惯性。"先做判断，再找理由，就是这个定律的作用。

互联网让同构的声音彼此被听到的速度变得更快，网络社群让这个心理机制的作用力变得史无前例地大，这就是"同温层"效应。我们总是跟想法相近的人为伍，算法又进一步固化了这个圈层。

这个定律对体验设计者的意义是什么？就是我们一定要好好对待品牌 VIP。某位消费者一旦花了那么多钱在品牌上，他就一定会大大赞扬这个品牌，这是一种自我合理化的过程。这种忠诚用户会不断地宣扬他买得很有道理，他很懂，识货的应该跟他一起买。所以，我们一定要认真对待这种用户。

禀赋效应

禀赋效应（Endowment Effect）是塞勒提出的，是指当一个人拥有一件东西时，会高估其价值。举例来说，当一个人手中持有股票时，即使股价一跌再跌都套牢了他也不卖，总想着股价有回升的一天，这是很常见的禀赋效应导致的心理误判。再比如孩子是自己的好、敝帚自珍等等，都是形容当人们拥有某样东西时，他们会觉得它很重要，害怕失去。

禀赋效应不是强化拥有的吸引力，而是强化放弃的痛苦。禀赋效应就是人类对“拥有”“占有”的情感，当他要放弃拥有时，痛苦是被放大的。比如“七天免费试用”，商家为了鼓励消费者把商品买回去，提供七天内可以无条件退货的承诺。结果证明，大部分人七天后都不会退货，消费者一旦把商品带回家，商品在他心中的价值感就会上升。所以，试穿、试用、试听、试课就是鼓励先拥有，拥有之后消费者会出现失去的痛苦，就是这个逻辑。

禀赋效应的另一个例子就是拍卖竞标，人们参与竞标的时间越久，成交价越没有节制，越没有理性。因为出价这个动作会让竞标者产生虚假的拥有感，他开始幻想拿下这件商品的所有美好感觉，所以有人一旦出价超过他，他就非赢回来不可。这种连拥有都不曾有的幻想，会让人的行为变得疯狂，这也是禀赋效应在起作用。

心理账户

塞勒认为人是不理性的，人们看待每一分钱的价值是不一样的。举个例子，很多人领了工资会存着舍不得花，而国家退税的钱你可能会马上花掉，因为你觉得这个钱是天上掉下来的。这跟中彩票的人很多时候会把钱花光、一分都不剩是一样的。事实上，一元还是一元，钱的价值没改变，改变的是人的心理账户。

钱的来源影响着人的认知，影响着人们花钱的态度。这种收入或支出被人们在心理上归入不同账户的行为，被塞勒称为心理账户。

心理账户在 MOT 上怎么运用呢？简单地讲，你要判断消费者付的钱是从哪个心理账户支出的，在关键时刻引导消费者运用不同的心理账户买单。举例来说，父亲节要买东西给父亲，这个钱该花，送礼和自用是两个不同的心理账户。再比如预付制，“预付 1 000 元就可以享有 1 200 元额度”“会员费 500 元，下次消费可以打折，以后永享九折”，这些都是运用消费者未来的心理账户，让消费者产生现在花钱很便宜的错觉，但实际上消费者还什么都没有买，就已经支出了。

卡尼曼与塞勒这两位诺贝尔经济学奖得主，提出了相当多的行为经济学定律，我们在这里只列举了这10个与体验设计较为相关的理论。如果你对行为经济学感兴趣，那么我建议你去看看他们写的书。

如果我们分析这10个定律是如何对应于MOT的四大维度的，那么你会发现，“进店率”与“转化率”这两个维度有非常多的心理机制会影响消费者的决策（如图6-1所示）。

图6-1　对应于四大维度的10个定律

大部分人都认为自己理智地活着，但这两位诺贝尔经济学奖得主通过科学实验证明，人们在做决策时并不如自己想象的那样理性，反而存在各种认知偏误。因为我们的大脑先天就是一个节能系统，它对信息的注意力既不全面也不深入。

我们暴露在各种场景中接收这些多维信息，依照这些心理机制形成了认知。场景就是关键时刻，所以我们才说“关键时刻建立了消费者的认知”。人类的认知本来就存在着各种偏误，这些偏误就是“坑”。身为体验设计师，我们的工作就是把消费者的心里所想挖出来，再利用体验设计放回去。我们的使命就是不让客户启动系统 2。我们应该提供一个直觉的、舒适的、放松的环境，顺着系统 1 的脉络去设计。例如，那个 80 多万元的手表，朋友说“我戴上去真牛”，结束！买单！有那么多逻辑吗？没有！

很多人觉得自己十分冷静理性，觉得自己的决策都是依靠系统 2 做出的。“我去餐厅之前一定查点评网站”“买手机之前我可比了好多网站”，够理性了吧，可惜这些所谓的理性判断越来越依赖于大数据，而这些数据完全是算法刻意塞给你的，你自认为的理性从某种程度上说也是被设计的结果。

体验设计用一句话来概括，就是让消费者自以为在使用系统 2，其实用的还是系统 1。当他真的在用系统 2 时，这个结果其实也只是大数据算法的影响。

第七章

消费者到底在买什么
消费者的角色与情感需求

一个小故事：妈妈带小朋友去学英语

前阵子我们承接了一个幼儿英语补习班的项目，这个教学机构办得非常好，师资与教学质量都很有口碑，小朋友只要上过课，80% 以上都会续课。该机构最近花了一大笔钱将整个校区重新装修了一番，欧式风格，非常漂亮。这个机构找上我们，是因为它发现试课这个环节出了点儿状况，同样的师资教材，为什么小朋友上完课会续课，但试听完却不报名呢？可以说转化率并不理想。

我们做了家长访谈、小朋友访谈、现场试课观察。这种项目同时存在两种TA，我们需要了解的不仅仅是付钱的家长，还要洞察小朋友。小朋友如果试完课后很喜欢，抱着妈妈说想要报名，一般的家长是很难拒绝的，所以小朋友试完课后的现场反应是关键时刻。

在研究过程中我们很快就发现，这个新校区的装修改造符合大人的审美观，迎宾大厅选用了比较高冷的大理石花岗石等材质，视觉上冰冷反光、线条刚硬，采用的颜色都是暗灰色系，而且室内的线条都是直线，加上空调冷气很足，教室的温度总是很低。坦率地说，这种北欧设计风格的质感非常好，以一个成年人的视角看，这个装修是很有价值的，但是从“小孩”的视角看呢？

一般来说，幼儿喜欢缤纷的色彩，圆润易亲近的线条，柔软温暖的空间，例如温润的木材、柔软的地毯、彩色的墙面、圆弧的线条等等。其实也不是没人跟董事长反映过这种装修风格偏于冷硬，但董事长没有意识到问题的严重性。直到我们发现，很多小朋友试完课后总拉着妈妈说要回家，第一次来校区就待不住。

有一天，我找了个机会，带着这位董事长站在迎宾大厅，我说："董事长，我想请您跟我做一个动作。"董事长说："好呀，汪老师。"我就请董事长跟我一起站在大厅，然后蹲下，看着前方的走廊。

我问董事长："您看到了什么？"

他和我并肩蹲着，看着前方，思考了一会儿，轻轻回答我："汪老师，我懂了，这里感觉冷冰冰的，好像不太适合小朋友。"

这就是一个关键时刻。只要这位有智慧的领导者懂得以"小朋友的视角"看世界，接下来的事情就好办了。我们后来一起做了很多调整，调整后的试课转化率有了很大提升。再加上我们做了很多针对小朋友的体验设计，进店率与推荐率也有所改善。

消费者在四大维度中的四个角色

消费者的角色在进店、转化、复购、推荐四个不同的维度中是会变化的。在不同的维度中，他们分别是路过者、探询者、使用者、传播者这四种角色（如图 7-1 所示）。角色不同，注意力完全不同。接收信息的方式和速度差别很大，所以我们必须随时调整信息与体验置入的方式（如图 7-2 所示）。

图7-1　消费者在四大维度中的角色

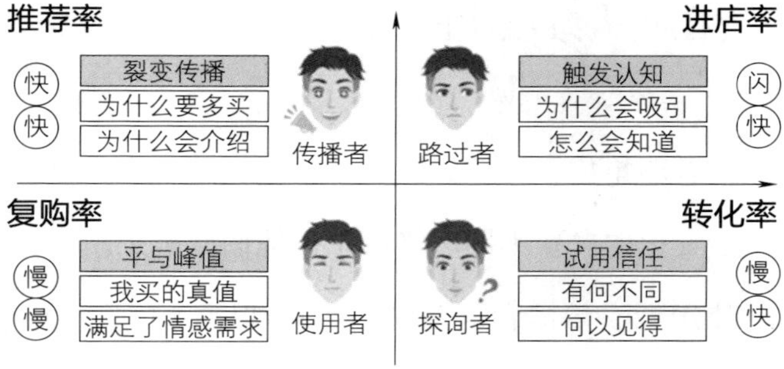

图7-2 消费者角色不同，线上线下时钟快慢不同

首先，对于一个没有明确购买需求的人来说，他只是一个“路过者”，他就是一个随便乱逛的人，对于要买什么他还处于一种不在乎的状态。那些在商场里不经意地晃过门店，滑手机刷朋友圈的人，乘坐地铁看抖音、小红书、淘宝的人，边看电视边做家务的人……他们都属于路过者。在这个阶段，最重要的是“触发消费者的注意力”，这时你跟他讲太多是没有用的，因为现代人的时钟就是要秒懂。

当你成功吸引了他的注意力，他愿意进店之后，此时他的角色就变成了“探询者”，探询者已经进店，表明他的心智处在对信息比较容易接受的状态中，此时他有好奇心，五感都在搜集信息，他想要知道更多细节，会比较商品，甚至跟你讨论，问你问题。在这个阶段，他心里想的是你的产品“有何不同”，同时你说自己的产品很好，那么“何以见得”？体验设计在这个阶段中最重要的任务是获取他的“信任”。

如果你一切都做对了，他买了，那么付费之后他会成为一个“使用者”。在使用过程中，物流的速度快不快，包装盒什么样，产品质感好不好，开箱之后容不容易安装，是不是一接上马上就能用，安装不了或者坏了能问谁、找谁修，给不给退货或换货，这些都是使用经验的一环。体验设计在这个阶段最重要的任务是让用户觉得“值了”。

如果消费者处于使用者的阶段，他觉得这个产品值了，那么他会转变成最后一个角色，也是我们最期待的“传播者”。只有使用者变成“传播者”，你的品牌才能真正裂变，信息口口相传，老客拉新客，VIP 找来更多的 VIP。当消费者的角色转化为“传播者”时，品牌和消费者建立深度联结的目的才算达成，推荐裂变的动作才会开始。因此，建立关系，促进裂变分享，是这个阶段最重要的任务。

图 7-3 显示了“四大维度”MOTX 的落地点。

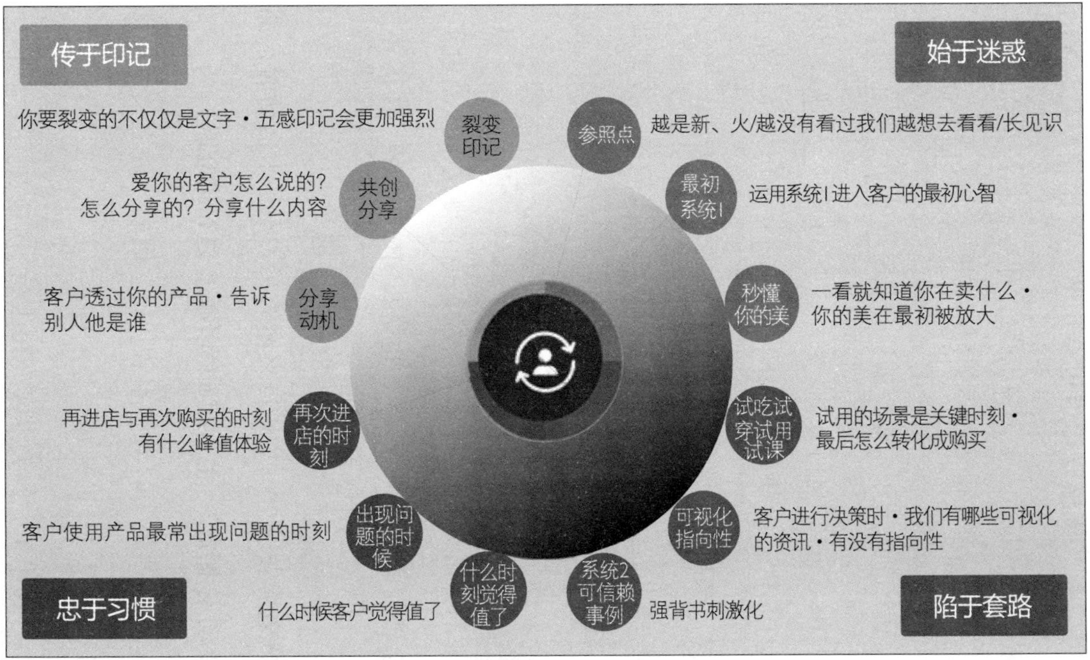

图7-3 “四大维度”MOTX的落地点

路过者——“始于迷惑”

对于路过者而言，体验设计要运用五感去触发消费者的认知，抓住他们的注意力。一个路过的人，他的心思缥缈，注意力是很不集中的，我们要针对他为什么会被吸引、被什么吸引、信息怎么传导到心智的认知路径去做设计。在路过者的这个状态下，消费者绝大部分是以系统 1 在自动导航，因此要利用五感与直觉，唤起系统 1 进入他的心智。

路过者这个角色的时钟，在线下的场景中是快的，而在线上的场景中更是快如闪电。对线下门店来说，消费者从经过你的门店到离开，不过 7 秒。而线上的电商，消费者决定要不要点击进店，可能 1 秒都不到。在这么短的时间内，消费者有可能用系统 2 去处理信息吗？但偏偏很多企业都喜欢用超长的文字去说明。尤其是当你的文字不是大白话时，消费者就要动用系统 2，他肯定看都不看，过目即忘。

那什么是用系统 1 去抓注意力呢？举例来说，一家面包店，用顶级面粉，法国进口的奶油，店门口的字写得如斗大，也不见得能吸引你进去，但老远就能闻到的刚出炉的面包香气，却能将消费者勾进店里，这就是运用五感启动系统1的好例子。再举一个例子，一家餐厅，敲锣打鼓地说自己的食材新鲜，厨师是世界冠军，讲了老半天，都不如在店门口直接现切牛肉，现包小笼包，现煮酸菜鱼，现炒热菜，这种五感刺激强度够大，消费者能直接进入系统1状态，被吸引进店的速度最快。

体验设计就是要抓住这些电光石火的关键时刻，诱使消费者进店，这就是所谓的始于迷惑，一开始就要把他们“骗”进来。

探询者——“陷于套路”

再来讲探询者，也就是进店之后的转化，这时体验设计的目标是获取消费者的信任。要告诉他，你的品牌和别的品牌“有何不同”，你所称的特色“何以见得”，有什么可信赖的事例能支持你所说的特色。

我们做品牌要建立一种良好的心态，消费者进店，就是来比、来问的，不要嫌他烦。企业要有能力快速、简单、清楚地说明你的品牌好在哪里，重点是这些都要“可视化”。不论你想说的是什么“有何不同”的特点，或是“何以见得”的可信赖事例，都不能啰唆。系统1没办法应付啰唆，直觉信息才容易进入消费者的心智。

消费者想问的不想问的，你都要做好准备，只有取得消费者的信任，转化率才会高。这就是“套路”，在这个阶段让消费者“陷于套路”，是转化成交的关键。

在“探询者”阶段，消费者不管是在线上还是在线下，他们的时钟转速基本上是快的极快，慢的极慢，朝两个极端发展。大部分消费者在实体店里买东西，比较不了很久，走一走就累了，越比越乱，常常就是“我高兴”“我看这个导购顺眼”就买了，就算不买也是掉头就走，决策通常下得比较快。但针对涉入度高的产品，例如房子、车子或保养品，消费者会花比较长的时间去转化，这跟产品的特质有关。

在线上，时钟转速同样呈两极化。一方面现代科技让“比较”太方便了，一个探询者可以读完整个网站所有的评价，比较到海枯石烂，然后将东西放进购物车又删掉，再放进去，来来回回无数次。对这种探询者来说，时钟不是慢，而是超级慢，互联网上的每个用户都自认为很精明，就怕被骗，有时对这种人来说比较是一种乐趣，他能从中获得很大的满足感。在这里，品牌能做到的就是让他可以比，容易比，甚至帮他做好比较，提供貌似客观中立的机制，让他相信你所提供的是可信赖的事例。这个过程是为了降低他的“选择障碍”，很多时候线上的问题就是选择太多，所以你要帮助他做决定。

另一方面，在线上探询者阶段，消费者同时呈现另一种极端面貌，比如圈层里的粉丝，面对头部博主、KOL（关键意见领袖）、大V、主播、网红，不管你叫他们什么，这些人只要在直播间里喊“Oh My God，好看，买它！”，粉丝反射性的动作就是下单。这种影响力快速变现、流量秒转订单的实力，根基还是信任。

对于一个想买东西、积极比较信息的探询者而言，能帮助他获得信任的最有效的动作，就是我们设计好的“套路”。面对想要慢慢比较的客人，我们就要陪他好好比较，为他提供充足完备的可视化信息（包括影音）。对于闪电手则是给予他们强背书，以及圈层认同的强联结。因为我们懂这些探询者，在信息进入心智的路径上，我们会挖好“坑”，这样他才能心甘情愿地“陷于套路”。

使用者——“忠于习惯”

商品买回家之后，消费者就变成使用者，这个阶段的体验设计就是要让人觉得钱花得“值了”，这样消费者才会“一买再买”。在四种角色中，使用者这个角色是最理性的，因为东西已经买回家，人清醒了，系统 2 开始主导使用过程。

因为是系统 2 在处理信息，这个角色的用户时钟是慢的，不论是线上还是线下，消费者有很长的时间可以与商品相处，关键是你有没有在这段使用时间里让消费者觉得值了。这就是“平与峰值”的抉择，你是给出 100 种功能但每种功能都是平平的，还是选几个点，让消费者体验到无比美妙的超高峰值。

我看过很多做产品的，加法太多，但没有峰值。很多功能都是鸡肋，消费者没有感觉，甚至因为功能太多导致成本增大，有的功能还会出现低谷。使用者买过一次就不再买，没有复购的原因，通常都是在使用中遇到了低谷。

在体验设计思维中，我鼓励善用减法，集中资源选几个消费者真正在乎的点做到最好，这样才能超越对手。

关于“平与峰值”的抉择，有个很好的例子，就是来自东京的 QB House 快剪店。这个品牌全球有 650 家门店，年营收超过 10 亿元。它为了将“快剪”的概念执行到位，在众多关键时刻都做了配套服务，例如给客人的一次性颈部棉巾、一次性梳子（客人直接带走）、自动购票机付费、按灯号顺序剪发、不洗头不按摩等等。

QB House 选择了“快速”这个 MOT，因此刻意将其他体验的峰值全数压平，只提供符合基本期待而没有意外的服务，但针对“快速”丝毫不放松地进行完整打造。你说它只强调功能而不追求感性吗？不是的，应该说它的感性是为那些怕麻烦、喜欢无负担的人际关系的客人设计的。

减法原则的威力如此大，正是因为它很难做到。这需要对消费者的 MOT 非常了解，MOTX 做到很透。减法不是指通通不做就叫好，这种十元店倒闭的也很多。在外行人看来，很轻易地把洗头、按摩、烫护染发等服务全部拿掉可能没什么了不起的，但如果是在你自己的行业内，你能告诉我哪些MOT可以放弃吗？

传播者——“传于印记”

当消费者使用产品觉得值了，就会从使用者变成传播者，这个阶段的体验设计就是要制造裂变与分享，让传播者帮忙拉新。消费者会怎么跟人介绍你的品牌，拿什么介绍，介绍的内容是什么，他觉得你的美在哪里，这些都很重要。

什么东西才会被拿出来讲呢？其实体验才是更容易传播的，五感印记是消费者会讲的话。消费者跟别人提起一个品牌时，不太可能记得那些文案，他讲的一定是一段经历，一些令他赞叹的惊艳片刻。他不见得记住了品牌名，但他会说你就买那个杯子上印个蓝瓶子图案的咖啡，或者说那个品牌我不会念，反正就是什么鸟的骨头，你去找就对了。印记才是消费者传播的真实话语。五感则是更强烈的传播点，举例来说，我们会听人家说那家炸鸡太好吃了，很酥脆。很少有人会说那家炸鸡店的广告语是什么。所以一定要联合五感创造印记，这样才更容易传播。

别忘了，不仅仅是感觉“值了”的消费者会传播，当你搞砸了，产品出现“低谷”时，消费者一样会传播，正所谓坏事传千里。所以，别忘了一定要弭平低谷，创造峰值，让消费者“传于印记”，裂变才更容易发生。

消费者的情感需求

消费的背后，其实都是有某种情感需求的，马斯洛据此提出需求层次理论（如图 7-4 所示）。从“生理需求”、“安全需求”、“社交需求”、“尊重需求”到“自我实现需求”，人会在不同的需求层面出现各种情绪。情感需求是人类与生俱来的本能，人是群居动物，喜欢分享，喜欢联结，愿意自己属于某个社群，爱自由，喜欢无拘无束，等等。需求层次讲得通俗一点儿，就是肚子饿了就发火，天气热了就感到心浮气躁，这些都是需求和情绪交互作用的例子。

马斯洛的需求层次理论有个重点，只要是未被满足的情感需求，就能改变行为。我们在做体验设计时，重点就是要

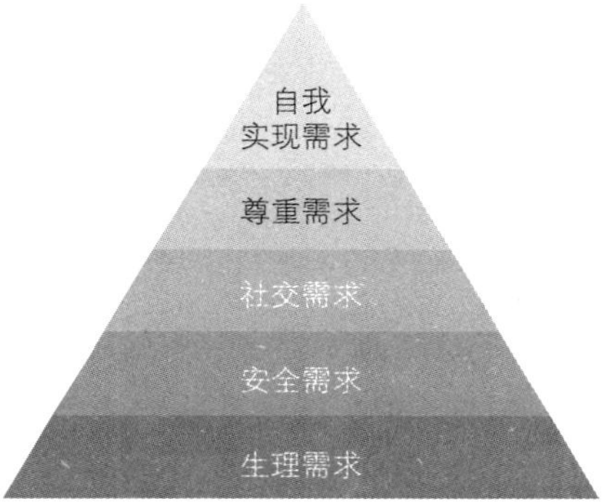

图7-4 马斯洛需求层次理论

让消费者的情感需求得到满足。消费者的情感需求只有得到满足，峰值才能达到最高。我们列举了以下 16 种人类重要的情感需求（如图 7-5 所示），在进行体验设计时你要思考一下，你选择的峰值到底满足了人们的哪种情感需求。

就以让孩子去补习班为例，妈妈带孩子去补习班，有什么情感需求？最少有三个："为了他人""认可肯定""爱与亲密"。妈妈的出发点当然是为了孩子好，因为爱他，才会花钱花时间带孩子去补习。妈妈希望孩子学习成绩好，能够被别人肯定，妈妈也期待自己被认可是个好妈妈，这些是情感需求。

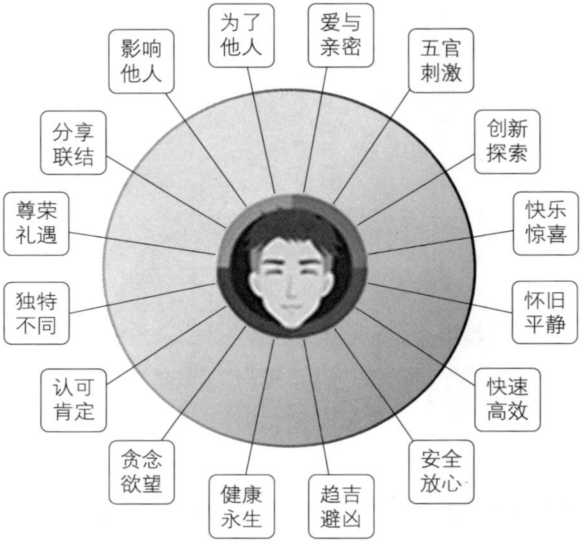

图7-5　16种人类重要的情感需求

我再举一个B2B领域的例子。你觉得作为一个企业采购人员，他在帮公司买东西时，有什么情感需求？这里可以想深入一点儿。除了公司政策规定一定要进行的比价和砍价，很重要的一点就是，这些东西买回来之后不能给他找麻烦，不会被老板骂。只要东西不出事，不被同事抱怨，他就会买。

所以跟这种采购人员做生意，就要明白他怕事的心理，这种情感需求是很隐讳的，但是一旦识破，他就会成为你忠诚的回头客，不断地向你购买。所以这里面的心理需求，就是“安全放心”“趋吉避凶”，这跟产品规格完全没关系，跟价钱也没关系。

这也是很多企业采购人员或者做B2B生意的人很少换供货商的原因，因为不熟悉的新厂商或新产品风险过高，很多产品还有系统兼容、学习曲线等多个环节要考虑，在过程中随便一个问题就能让他赔上自己的信誉，没事谁会愿意帮你扛这些责任！所以，企业的业务人员不会只砍价，不理解对方的情感需求，你就进入不了他的内心。

第八章

如何挖掘MOT

一个小故事：神奇的兰花

我有位客户，是位超级优秀又聪明的研发人员，他投入20年时间栽培出世界一流的蝴蝶兰。他培养出来的蝴蝶兰一年可以开花180天，这等于一年四季都有鲜花可采，这是多么厉害的技术。他最近花大价钱制作视频、官网，做文宣，打造旗舰店，邀请我去看。目力所及，都是气质高雅的兰花，有兰花温室、实验室、阿里山的纯净山水等等，你猜他卖的是什么？

一定是卖兰花的，对吧？还真不是。他的主打产品其实是一种美妆精华液。

这款精华液非常神奇，当我们公司拿到样品，同事拿起滴管弄出一小滴擦在眼睛周围时，很短的时间内，眼周皮肤立刻得到提拉，细纹立刻被抚平，真的不夸张，在场的人都吓了一跳，效果太神奇了！我每次上课讲到这，学生们就吵着问我去哪买，打算团购。

这瓶精华液为什么如此厉害？是因为它用了新鲜萃取的蝴蝶兰的成分。该公司研发团队找到大白蝴蝶兰和大红袍蝴蝶兰两种“兰后”，客人预订后14天内采集，里面包含的多酚类，花青素，多醣体，天然维生素B、C、E都是最新鲜的，产品活性很强。

但这家公司搞错了关键时刻，一直讲怎样种兰花，如何花了20年才研发成功。其实这些都不是消费者关注的事，消费者只想知道，如何让自己在很短的时间内抚平细纹，在去参加同学会时，她能在同学们的面前表现出“你们都上年纪了，而我还是当初那个小女孩”的状态。如果能做到这一点，消费者会立刻掏钱买单。

企业不要只讲自己想讲的，而要讲别人愿意听的。搞研发起家的企业，讲到技术就会非常陶醉，滔滔不绝，想要让人理解其长久努力的苦心。但不管你多了不起，消费者只会问：“这到底和我有什么关系？”讲技术和努力是对的，但是它们不是沟通的重点，还要看消费者是不是在乎这个 MOT。

那么到底要怎样挖掘 MOT 呢？接下来，我们分享两个重要的方法。

挖掘 MOT 方法一：从信息中挖掘

挖掘 MOT 的第一种方法，就是先问消费者怎样形容这个品牌，再问他“为什么”觉得是这样，那个“为什么”就是 MOT。

以西安一个大型购物中心项目为例，我们在做消费者访谈时，很多“爱你的人”（也就是购物中心的重度消费者）表示这个购物中心很高大上，为什么让人感觉高大上？

有人回答：“我之前带朋友去，连卫生间都干净明亮，很多细节让人感觉特别好。”

这个高大上就是爱你的人告诉你的他对你的标签。这标签从何而来？来自去卫生间时他看到的细节的那个时刻。

一般我们判断一家购物中心是高档还是中低档，基本上都是以入驻品牌来判断的，但重度消费者并不这样认为，他们判定的关键时刻就是“上卫生间的时刻”。其实也没错，有很多知名的酒店、风景区都以卫生间出名，点评尽是说什么设计很厉害，一定要去看看。还有卫生间爆红到自成景点的，成堆网红在卫生间打卡自拍。企业怎么想是一回事，消费者怎么想才是最重要的。

以这家购物中心来说，按照前文介绍的MOT撰写方式，我们可以这样写：

> 一个汉神的重度消费者，到汉神的卫生间，觉得非常干净，还有很多贴心的细节设计，感觉汉神是家很上档次的购物中心（如图8-1所示）。

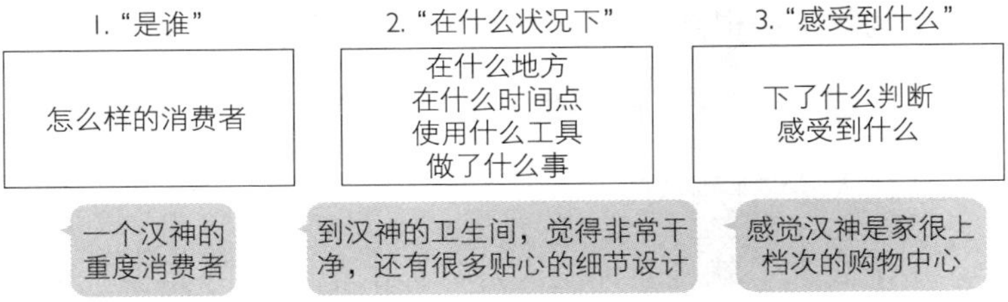

图8-1 汉神购物中心MOT

所以，挖掘 MOT 的第一种方法很简单，就是你请教消费者写下对你的品牌的三个形容词或三个想法，然后问他为什么这样觉得。根据他说的故事，细化 MOT，在撰写 MOT 时要依照三元素的结构原则写。在展开的时候，MOT 写得越多越好，在后面的章节我再教大家怎么从中选择 MOT。

挖掘 MOT 方法二：三种人，四维度，28 个洞察点，运用焦点小组座谈会去挖掘

挖掘 MOT 的第二个方法，为了便于记忆，我将其编成一个口诀：三种人，找对人；四维度，侧重点；28 个洞察点，问对题；运用焦点小组座谈会挖出 MOT。

三种人，哪三种人？就是“爱你的人、不爱你的人、喜欢你的人”。最少以这三种人为研究起点。四维度，就是进店率、转化率、复购率、推荐率，从四大维度去思考企业的侧重点，同时每个维度各提供 7 个洞察点，以这 28 个洞察点形成问题清单进行焦点小组座谈会，这些能帮助你形成更全面的 MOT。

以我们的客户“上海外滩金融中心 BFC”为例，在进行焦点小组座谈会时，我们利用进店率的洞察点“消费者当初是怎样知道你的品牌的”，在座谈会上请教“爱你的人”（重度消费者）。消费者回答说：“一开始我知道 BFC，是因为它的雕塑与喷泉。有人跟我提到我才知道这里，挺艺术的，跟别的商场不一样。”

根据这个情节描述，我们可以把这个 MOT 写成以下文字：

> 一个年轻的上班族妈妈，听朋友说 BFC 的喷泉与雕塑挺有意思的，就带孩子来逛逛，感受到 BFC 是家有艺术气息的购物中心（如图 8–2 所示）。

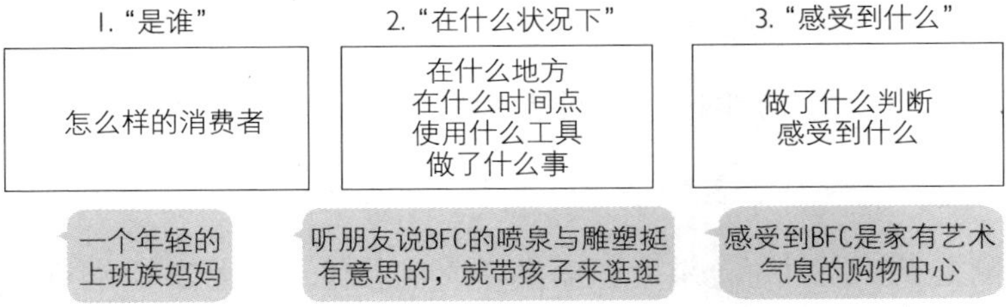

图8-2 上海外滩金融中心BFC MOT脚本

上海外滩金融中心 BFC 里面有很多奢侈品品牌，是一家超高级的购物中心，但消费者在访谈时并没有提到这些大品牌。因为 BFC 旁的复星艺术中心一直举办各种国际大师的艺术展览，包括草间弥生、多米尼克·佩罗等等，结果艺术这个标签被贴到了购物中心身上，因为喷泉与雕塑，消费者被吸引过来。相较于奢侈品品牌，这个艺术标签更有效地进入消费者的心智，也被当成推荐时的 MOT。

所以挖掘 MOT 的第二个方法就是，找到“爱你的人、不爱你的人、喜欢你的人”，然后针对你想聚焦的维度，利用我们接下来要分享的每个维度的 7 个洞察点，去执行焦点小组座谈会，挖掘 MOT。

当然不是一定要用焦点小组座谈会，你也可以进行一对一访谈，只是效率稍微差一点儿。如果时间和预算充足，焦点小组座谈会可以做得更细致些，例如将目标用户的样本条件切割得更精细，再去一、二、三、四线城市取得不同的研究样本，或者根据渠道类型做分类，可以用各种不同的方式对研究对象做出分组。目标用户分得越细，看到崭新机会点的可能性越高，但不必纠结，你可以从访谈基本的三种人开始，能做好这三种人的访谈就已经很不错了。

四大维度，28 个洞察点

一见就进，一进就买，一买再买，一传千里，这四个不同的维度，每个维度我们都开发出 7 个洞察点（如图 8-3 所示）。当你在做消费行为研究时，你可以参考这份清单制作一份基础访谈大纲。这些洞察点是我们身经百战，浓缩精炼得出的。如果你要问，挖掘 MOT 只有这些问题吗？当然不是，但光这些问题你就问不完，所以不要贪多。

做市场研究尤其是消费者访谈，问问题要问在点子上，不要挑战受访者的耐心。找人做访谈是很辛苦的工作，不要只想

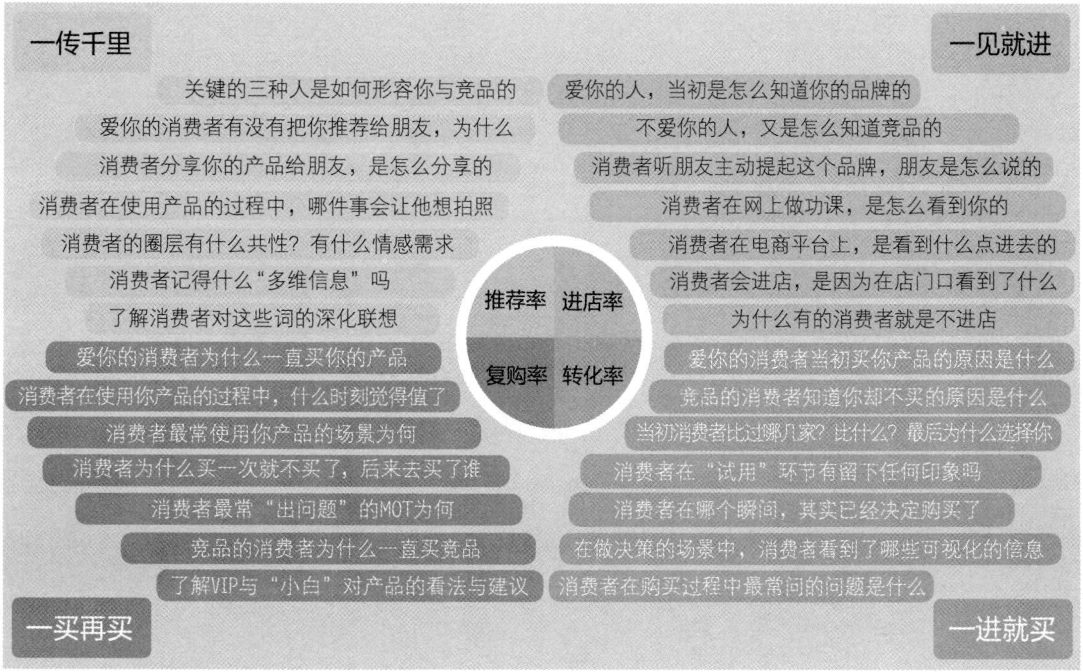

图8-3 “四大维度”MOT的洞察点

着把清单上的问题问完，而是听到关键点就要追问，一问到底。

进店率“一见就进”，就是“吸引消费者心动的瞬间”，消费者是个路过者

1. 爱你的人，当初是怎么知道你的品牌的？
2. 不爱你的人，又是怎么知道竞品的？
3. 消费者听朋友主动提起这个品牌，朋友是怎么说的？
4. 消费者主动在网上做功课，是怎么看到你的？
5. 消费者会进店，是因为在店门口看到了什么？
6. 消费者在电商平台上，是看到什么点进去的？
7. 为什么有的消费者就是不进店？

进店率这个阶段，我们要搞清楚，爱你的人当初为什么会进店，是被什么吸引进店的。品牌为了让消费者进店，通常都会花很多钱在这上边，虽然做了很多，但是当你问过一轮消费者之后你会发现，他们进店的原因常常跟你想的不一样。我们应该好好放大这个美，无用功就不要再做了。

这里有一个灵魂回答，就是“我朋友说”，朋友的推荐极大地影响着消费者的决策，尤其是进店。我自己在做访谈时问消费者当初是怎么知道这个品牌的，如果听到“我朋友说”这个关键词，我脑海里一定会警铃大作，提醒我要追问下去。

当初朋友到底是怎么说的，用了什么形容词，讲到什么场景，他感受到什么，这里面描述的故事，就是消费者给这个品牌贴上的标签。标签就是已经进入消费者心智的信息，它是最明显又现成的MOT。

最后应该注意去发掘，为什么有的消费者就是不进店，这里显然就是“低谷”。非常有可能是你的门店装潢、陈设或信息误导了他，或你的网页缺乏焦点，所以消费者过门而不入。问清楚他走进竞品的店却不入你的门的原因，可以为竞争优势和劣势提供很客观的外部参照点。

转化率“一进就买”，就是“催化消费者下单的瞬间”，消费者是个探询者

1. 爱你的消费者当初买你产品的原因是什么？

2. 竞品的消费者知道你却不买的原因是什么？

3. 当初消费者比过哪几家？比什么？最后为什么选择你？

4. 消费者在“试用”环节有留下任何印象吗？

5. 消费者在哪个瞬间其实已经决定购买了？

6. 在做决策的场景中，消费者看到了哪些可视化的信息？

7. 消费者在购买过程中最常问的问题是什么？

转化率可以说是四大维度中最重要的维度，直接影响着业绩增长。消费者要不要掏钱关键在这里，不搞定转化率，你的店差不多可以关门了。

所有的企业家都很关心两点，那就是人潮要能变钱潮，流量要能转订单。但现实是，广告或名气好像只能带人来打卡，在网络上更容易见到的是围观的人比动手（下单）的人多。他们到底为什么不买？

要提升转化率，一定要了解爱你的消费者买你产品的原因，也要了解那些不爱你的人不买的原因。我整理出的原因清单，常常可以作为销售员培训手册或店内陈列指导原则。

这里有一个转化率的关键点，就是“试用”。试吃、试穿、试课、试乘，各种鼓励消费者参与体验的营销套路，都需要刨根究底地研究消费者的回馈。我们发现，很多“试用”环节没做好的企业，转化率都很差。

以试吃为例，很多卖食品的人都觉得提供试吃很容易，把食物摆在漂亮的盘子里，找个服务员端着站在门口，不就这样吗？这里你要注意了，有些东西吃一口觉得很好吃，吃两口也很好吃，吃多了就觉得腻了。而有些情况正相反，只吃一小口吃不出什么滋味，非得有充足的分量，味觉才会被激发。所以你问问题，也要问得这么细致。

再举个化妆品试妆的例子，我们做过一个美妆品牌的咨询项目，它最出名的商品是护手霜，其面部保养品卖得一直不如护手霜好，它想找出提升面部保养品销量的着力点。我们访谈之后发现，其实它的产品的质量、包装、店员销售技巧都没有问题，最大的关卡就出在试用上。受访者直接挑明了说，如果想在专柜上试用面霜，就得先卸妆，“卸了妆就算了，你这品牌没法子给我补妆啊，我素颜怎么离开”。所以受访者拒绝现场试用。“那发小样呢?”“小样好啊，但回去用用就忘了，不太会特地回来买。”“那把面霜擦手上试呢?”“也行，但感觉不到有什么特别的，你的主要产品不就是护手霜吗？擦脸的产品质量能行吗?”

这段访谈的意义在于，品牌要了解用户为什么不买单，视角一定不要局限在产品上。“现场”最重要，关键时刻发生在“现场”，在挖掘 MOT 时要以消费者视角从头至尾走一遍。

要提升转化率，关键在于增加信任感，因为消费者在这个阶段是个探询者，只有信任之后才会消费。品牌有没有打消消费者对你产品的疑虑呢？这 7 个洞察点能帮助我们理解转化是如何发生的，关键时刻是什么，只有这样，我们才能解决信任问题，提升转化率。

复购率“一买再买”，就是“消费者判定这钱花得值了的瞬间”，消费者是个使用者

1. 爱你的消费者为什么一直买你的产品?

2. 消费者在使用你产品的过程中，什么时刻觉得值了？

3. 消费者最常使用产品的场景为何？

4. 消费者为什么买一次就不买了，后来去买了谁？

5. 消费者最常“出问题”的 MOT 为何？

6. 竞品的消费者为什么一直买竞品？

7. 了解 VIP 和“小白”对产品的看法与建议。

消费者在使用产品时，“什么时刻觉得值了”是复购这个维度最重要的问题。因为只有消费者觉得值了，他才会再买。所以你要问“爱你的人”为什么一直买，他觉得你的产品好在哪里，他最常使用产品的场景为何，什么才是他最在乎的事情。同时喜欢你的人，买过一次就不再买了，原因为何？除了没有觉得“值了”，是不是消费者在使用产品的过程中曾经遇到低谷，所以不高兴，下次就不买了？

消费者在使用产品时一定会遇到问题，而遇到问题时，消费者是怎样解决的？你又是怎么协助他的？这些都是非常重要的关键时刻。竞品的消费者为什么一直购买，他们觉得竞品好在哪里？这些都值得我们去洞察。最后，VIP 与“小白”

对产品的建议一定很不一样，借此你可以了解未来产品的方向。

推荐率“一传千里”，就是“消费者认为可以推荐的瞬间”，消费者是个传播者

1. 关键的三种人是如何形容你与竞品的？
2. 爱你的消费者有没有把你推荐给朋友，为什么？
3. 消费者分享你的产品给朋友，是怎么分享的？
4. 消费者在使用产品的过程中，哪件事会让他想拍照？
5. 消费者的圈层有什么共性？有什么情感需求？
6. 消费者记得什么“多维信息”吗？
7. 了解消费者对这些词的深化联想。

爱你的人怎么形容你，这个形容就是一个明确的品牌标签。品牌定位是定在消费者心中的，我们应该了解在消费者的心智中，现在的品牌标签是什么。

然后，是不是有消费者买了，但是不推荐，原因是什么？是不知道讲什么，还是觉得你的产品很差劲？前者是没有峰值，后者是存在低谷，两者有不一样的解法。

如果有的消费者推荐、点赞、分享或转发过，那么他具体是怎么做的？发照片，转图，还是小视频？是什么样的视频？发完之后回应最积极的是哪些人？要往下追问。消费者所在圈层的共性情感需求也是我们应该关心的，知道他们的需求才能知道如何打进这一圈层。

在推荐率这个维度上，所问的问题不要只是广告标语，除了文字、图片、影音这些基本信息，消费者还记得什么？颜色、形状、包装、触感，还是气味、声音？甚至代言人或直播间主播说了什么？这些都非常值得我们去洞察。真正留在消费者心智里的五感的印记，就是我们要挖掘的MOT。

这里要提醒各位，做消费者洞察时，不要忘了三个黄金时刻，即“最初”“最高”“最终”三个时刻。在这三个时刻里，消费者的感受最强烈，是峰值。品牌在这些时刻做对的和做错的都很容易被放大，我们一定要好好研究。

第二篇

落地

第九章

产品到底该卖给谁？我的战场在哪里？

一个小故事：羊奶粉与牛奶粉之战

在进入这个精彩的营销故事之前，我们先来猜测一下，婴幼儿奶粉市场大不大？

大，非常大。

接着猜一猜，如果婴幼儿奶粉市场份额是100，那么牛奶粉占比大，还是羊奶粉？

当然是牛奶粉。

再猜一下，你觉得牛奶粉的市场占比大概是多少？

在我教过的超过100堂、数千人次的培训课程里，我问到这儿的时候，教室会变得很热闹，大家此起彼伏地猜，数字可能有差异，但无论如何，所有人都觉得牛奶粉的市场份额应该是压倒性的。没错，大家的市场嗅觉完全正确，我接下来要讲的就是一个小虾米挑战大鲸鱼的故事。

几年前，一家跨国医疗生物科技公司找到我，请我做一个集团品牌系统的咨询案，项目成功后，首席执行官很满意，他希望我能帮他们把中国市场的羊奶粉品牌做大。

原来这家公司进入中国市场销售羊奶粉已经很多年了，但销量增长一直很缓慢。首席执行官听到中国区营销团队反馈的是，中国的羊奶粉市场还不成熟，还需要培育，消费者没那么快接受羊奶粉这个新品类。大部分妈妈除了母乳，牛奶粉还是第一选择。首席执行官觉得这些反馈需要求证，他也希望找到突破点实现市场增长，于是想请我们对中国的婴幼儿奶粉市场进行调查。

我们首先从财报上发现一件非常有意思的事情。当年羊奶粉市场除了我客户的品牌（以下称品牌 A），还有另外一家主要竞争对手（以下称品牌 B ）。品牌 A 最近 5 年的平均成长率在 20% 上下，品牌 B 却在这两三年有了近 80% 的大幅成长。市场数据反映了以下几个事实：

1. 品牌 A 几年前是中国羊奶粉市场占有率第一的品牌。

2. 品牌 A 这几年的成长率一直在 20% 上下，进展不大。

3. 品牌 B 这几年在营销费用上的投资，几乎超越品牌 A 的年营业额。

4. 品牌 B 针对消费者打的广告播出不多，看不出钱花到哪儿去了。

数据分析看到这里，我们产生很多疑问：

1. 品牌 B 为什么要投入那么多钱？它看到了什么机会？

2. 当年市场份额最大的品牌 A，营业额只有那么多，品牌 B 怎么会投入比第一名营业额还要高的营销费用？这是什么逻辑？

3. 品牌B的钱到底花在哪儿了？

5. 品牌B为什么会有如此快的成长？增量从哪里来？羊奶粉市场不就那么大吗？

6. 我们都知道牛奶粉是个大赛道，但看得到吃得到吗？把客户需求从牛奶粉转成羊奶粉就那么容易吗？

7. 只要花钱打广告就会有用吗？消费者会因为看到广告，就从牛奶粉转到羊奶粉吗？

8. 但在媒体上很少看到品牌B的广告，它到底是怎么做到的？

事实上，品牌A这几年一直没有放弃培育市场，但这些努力并没有反映在业绩上，结果并不好。品牌B做对了什么呢？

要回答这些问题，没有别的办法，就是做洞察。于是我们就在一、二、三线城市做了许多场焦点小组座谈会，访谈了很多有小宝宝的妈妈，也访谈了许多专门销售婴幼儿用品的渠道商，我们挖出的关键时刻令人大吃一惊。

我们节选其中一位妈妈的对话如下。我们请教她当初她是怎么知道品牌B的。

我儿子在4个月大的时候，突然开始便秘，身上长满了湿疹，我什么办法都试过了，什么益生菌都给他吃过了。去医院看了起码一个多月，那些医生只会不停地叫我换奶粉。我每天不停地帮他喷含有激素的药液，真的很恐怖。

有一天我去儿童医院，那个主任跟我说要不再换个奶粉试试，然后给我一个地址叫我去那里买，是达人的氨基酸奶粉，很贵，一罐800克就要700多元。我觉得贵也无所谓，只要孩子不那么痛苦。

那天我买了3罐，其实氨基酸奶粉就是一种治疗的药物，要长期用，不是说立刻就能见效的。他才四五个月大，那个奶粉很苦、味道很难闻，每次喂他我都会加糖进去，但是他一整天都不吃。

后来有一天在爱婴岛，那天我也是买了一罐氨基酸奶粉。那个卖羊奶的导购叫我试一下羊奶，我就说我儿子过敏，不能乱吃，我还给她看孩子的照片，她说过敏太严重了，她有个朋友的孩子也是这样，她叫我买一罐小的、精装的，先试一下。我买回去，我儿子喝了3天湿疹全没了。

你以为只有这位妈妈是这样讲的吗？不是。我们访谈了一群妈妈，超过80%买品牌B羊奶粉的妈妈都说过类似的故事。我们发现，这个转化过程完全是一个“套路”。这就是访谈竞品的重度消费者的重要性！当你请教妈妈们当初是怎样知道这个品牌时，你可以从里面挖出非常多的关键时刻。

1. 这些妈妈并非一开始就给孩子喂羊奶粉。关键时刻是孩子对牛奶粉过敏，才转成羊奶粉的。

2. 这些妈妈是如何知道品牌B的？她们很多人都是去母婴店时受到品牌B派到那里的导购的影响。

3. 另外一群消费者是因使用过品牌B的妈妈热情推荐而买的。

4. 很多使用品牌B的妈妈都从品牌的“使用者”变

成品牌的超级“传播者”，分享的时候都超激动，超兴奋，因为自己的孩子不再过敏了。

5. 母婴店导购常常是这些焦虑的妈妈咨询的对象，品牌 B 成功地破解了这个 MOT，在这一点上下了很多功夫，这就是它的套路。

6. 小罐装很重要，在转化率这个维度上，它成功地降低了购买门槛。

7. 精装也很重要，消费者购买商品时，常常看外包装判断商品的优劣，这是标准的系统 1 思维。

8. 导购的话术更重要，导购跟妈妈的对话是关键时刻。

9. 很多购买品牌 B 的妈妈根本没听过品牌 A，她第一次购买的时候根本没比较过两个品牌。后来用得很好，更不可能换牌子了。

“宝宝的第一口奶”的选择是个关键时刻，但除了母乳，大部分妈妈不是受到闺蜜的影响，就是受自己母亲的影响，大多选择了牛奶粉，品牌 A 很难撼动这种认知。硬要在这个时刻去做转化，转化率肯定很低，这就是品牌 A 做不好的原因。

品牌 A 花了很多钱“培育”市场，想从第一口奶切入，跟牛奶粉抢市场，但牛奶粉很多都是国际大品牌，牌子老，耕耘深，资源丰厚，羊奶粉还是个新品类，完全打不赢这场战役。

更惨的是，主打“宝宝的第一口奶”的品牌 A，他的主力用户（宝宝）继母乳后直接衔接的是羊奶粉，没有牛奶过敏那一段悲惨的经历，宝宝一直喝羊奶粉喝得好好的，没什么事。这导致我在访问这类妈妈她的宝宝喝了奶粉感觉如何时，妈妈们都说没有多好，也没什么问题，她们对羊奶粉满意度的峰值很低，没有出现那种狂热粉。使用者还是使用者，没有变成传播者。

反观品牌 B，它把钱花在了刀刃上，大大地提升母婴店老板与导购的提成，平日导购在店里，一听到有妈妈进店说孩子喝牛奶过敏，立刻上前，说有朋友也是这样，之后按照脚本演出。品牌 B 的钱花对了地方，不从第一口奶这个时刻下手，而是从喝牛奶过敏这个关键时刻出发，转化率超高。这样做还击中了这些妈妈的痛点，最后她们都变成超级传播者，主动一个拉一个，带来大规模的裂变。

品牌 A 把钱花错了地方，转化率低，消费者没有再传播；品牌 B 把钱花对了地方，转化率高，使用者会再传播，一来一往，高下立见。

是先有 TA，还是先有 MOT？

一般正统营销学训练下的回答，当然是先有 TA，之后才有 MOT。如果没有先设定好产品要卖给谁，又怎么去找这个关键时刻呢？这个先后顺序让人觉得非常合理。

但这个羊奶粉品牌的营销案例为什么如此经典？是因为它正好反映出营销操作的一个真实方面。品牌 A 先设定了 TA，是离开母乳后喝第一口奶粉的宝宝，这个目标市场乍一看很大，只要断了母乳需要配方奶的宝宝都是其目标，这非常符合逻辑。殊不知，这个市场虽然大，却是牛奶粉的天下，这是一场硬碰硬的战争。

反观品牌 B，它找对了一个关键时刻，就是妈妈去母婴店的时刻。它从这些到店的妈妈那里找到对的 TA，就是那些牛奶过敏的宝宝的妈妈。针对这些妈妈品牌B挖掘出MOT，最后设计体验，包括导购的话术、导购手机里的过敏婴儿照片、小罐装、精装等等，甚至导购的提成，整个流程品牌B都很用心地去运作。

找到对的MOT，就会切分出市场，也会找到你的TA，你的用户画像就会出现。所以，一个企业到底要先决定TA，还是先决定MOT？服务了这么多企业，我的心得是：在挖掘MOT时，就要考虑TA是谁，找到了TA，再想一下还有哪些MOT会影响决策，这是一个需要来回假设验证的过程。

用关键时刻决定新战场，用场景去做市场区隔

“我该在什么时刻做什么事，才能影响消费者的决策，进入他的心智，影响他的行为？”

要回答这个问题，如果不针对三种人（爱你的人、不爱你的人、喜欢你的人）进行访谈，就不会知道卖羊奶粉的MOT是母婴店导购跟妈妈讲话的那个时刻；如果不知道MOT，就不会知道原来TA是“牛奶过敏的宝宝的妈妈”。这

些妈妈的决策跟她们住在哪里没关系，跟她们家庭的月收入没关系，跟她们的学历也没关系，人设不是重点，重点是你要抓住影响消费者的关键时刻。

试想一下，宝宝一直过敏很难受，妈妈急得像热锅里的蚂蚁，就在这时有人告诉她，一个朋友的孩子也是这样，然后她可以先买一个小罐装的，降低购买门槛。这个妈妈会不会试？怎么能不试！拿回家一吃，发现孩子不过敏了，你说会不会继续买?! 所以试用装、小罐装也是关键时刻。

如果单从产品对比来看，羊奶粉和牛奶粉没有很大的区别，比营养比健康，羊奶粉并没有特别突出。但如果讲到防“过敏”，羊奶的蛋白质组成与母乳更接近，分子比较小，而牛奶的分子比较大，这是羊奶的物理天性，羊奶赢了。所以品牌B 完全放大了自己的美。

另外，抓住“母婴店”这个关键时刻，往下细细挖掘，你以为零售店的老板只在乎钱吗？的确，他们在意利润，但他们还在意很多事情。品牌 B 把全部的预算和力气都花在帮助母婴店赚钱上，它与母婴店深度捆绑。从返点、促销到派导购入驻、做门店活动，这些通通都做。它不但用很多花招帮助门店吸引顾客，还提供小赠品帮助门店留客。在门店的会员宝宝过生日时，它甚至提供书包让门店送到会员家里。这样做，零售店的老板们怎能不爱品牌B！这些都是关键时刻。

最后，你觉得品牌A与品牌B是竞争对手吗？如果把思路放大，运用寻找关键时刻的方法重新定义目标客群，用场景而非品类去做市场区隔，我们会发现竞争改变了。羊奶粉品牌之间根本不是竞争对手，也不是品牌A或B谁抢谁的市场份额，而应该是它们一起把牛奶粉转成羊奶粉，一起对战牛奶粉。最终的市场研究数据显示的确如此，羊奶粉抢占了不少牛奶粉的市场，短短几年，羊奶粉整体销售额几乎增加了3倍。

总结一下，我们看到MOT才是切分市场的关键，找到关键时刻，就能切分出一个市场，并形成你的用户画像，然后根据这个画像找到更多的MOT。接下来，我们谈谈如何选择市场目标客群（Market Target Audience，首字母缩略词为MTA）。

BTA 的概念与选择 TA 的四大原则

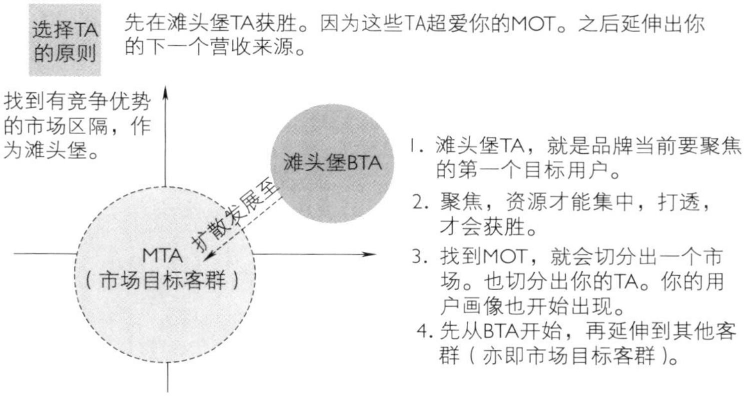

选择 TA 的思维

要了解如何选择 TA，我们先要介绍一个名词“滩头堡 TA”，也就是 BTA。在刚进入市场时，你不可能让所有人爱上你，你应该先聚焦于一群人，你所做的 MOT 让他们非常喜欢你，而重点是他们会裂变，会拉新。你应该从 BTA 开始经营，然后延伸到主战场 MTA。**BTA 就是品牌要聚焦的第一群人**。羊奶粉品牌 B 就是选对了 BTA，也就是牛奶过敏的宝宝的妈妈。

资源集中，创造峰值，先拿下 BTA，再延伸到其他客群。建立品牌需要找对滩头堡，并为这个 BTA 提供完美的 MOT 峰值体验，让他们超爱你。请注意，我们希望消费者爱你的 MOT，不仅仅是产品本身。

选择 BTA 的四大原则

那么，到底要怎样才能选对 BTA 呢？我们整理了四大原则。

1. BTA 重视的 MOT，我们具有优势，有能力做得比竞品好（我们打得透）。

2. BTA 是细胞，是种子用户，要有代表性。

3. 品牌有足够的产品（国王与王后）满足 BTA，让他们一买再买。

4. 所选择的 BTA，要有潜力从使用者变成传播者。

对某些人来说，他们觉得这个 MOT 一点儿都不重要，而对某些特定人来说，这个 MOT 却是至关紧要的。“至关紧要”的 MOT 就是你的产品最美的地方。“某些特定的人”就是你的 BTA。

以羊奶粉品牌 B 来说，它选择的 BTA，就是“牛奶过敏的宝宝的妈妈”。从过敏这个方面来看，羊奶分子小，更接近母乳，品牌 B 在这里完全放大了自己的美。在选定第一个要打的市场时，我们一定要有远超竞品的优势，要能“打透”才选它。所谓“打透”，就是 BTA 超爱你的最美的 MOT，以 1 厘米的直径打到 1 万米的深度。

BTA 一定要能裂变。羊奶粉品牌 B 选择的 BTA“牛奶过敏的宝宝的妈妈”，妈妈因为孩子不舒服，内心煎熬到处求助，线上问、到医院问、在朋友圈里问、到母婴店里问，品牌 B 在关键时刻进行体验设计，抓住用户并当场转化成订单。转化一旦成功，孩子的过敏症状消除，这些妈妈就会变成狂热的信徒。宝宝前后逆转的状态让妈妈很开心，这就形成超高的峰值，这个峰值会推动她变成传播者，裂变迅速发生，形成黏度很高又颇具影响力的圈层。

选择 BTA 最重要的一个指标，就是你第一战攻下来的这群人会不会裂变。对任何品牌而言，进入一个市场的成本都非常高，要钱、要时间、要人员，有时候不赚钱也得做，但如何判断这个市场或这个用户要不要做呢？那就是裂变、拉新。如果这个投资（甚至是牺牲）不能让你拉到新用户，即使有现金进来，也不能算一个好的滩头堡。

选择BTA至关重要，因为这些用户不仅仅是你的第一桶金，他们会帮你赚第二、第三桶金。事实上，第一群用户会不会裂变，有没有放大你的美，这才是品牌扩张的关键。聚焦于BTA，把事情做透，获取BTA之后，再延伸到市场的其他客群，这才是成功的品牌策略。

选对战场，是一个将军最重要的职责，在哪个战场，你可以获得胜利？

登陆战通常都会派遣精英部队先抢滩，登陆之后建立临时据点，作为前进的指挥所，然后以此为基地，掩护后续到达部队安全上岸，一步一步向内陆推进。做品牌不可能在每个地方都打胜仗，你不可能让所有人都爱上你。我们必须舍弃那些根本不可能爱你的人，因此第一仗选择从哪里打就变得很重要了。

胜负的关键在于，选对第一仗就能赢的战场，而不是选择一般人都能看见的市场。饼越大，抢的人越多，在那个红海里，一般品牌很难脱颖而出。

选一个能够打赢的战场，是一个将军最重要的职责；而选择对的 BTA，是一个营销人员最重要的工作。选择 BTA，并不是不做其他市场，而是先从 BTA 开始，然后扩散。选择 BTA 不是“只做”这个市场，而是一开始先聚焦，资源集中才能创造峰值，这样才能获得最后的全面的胜利。

在挖掘 MOT 时，就要考虑 TA 是谁；决定了 TA，再想一下还有哪些 MOT，这是一个来回假设验证的过程

乔布斯在 2007 年 1 月发布第一代苹果手机时，讲过一句非常有名的话：“不，谁会想要一支手写笔？你得把它拿出来再放回去，最后就不见了，不是吗？”

如果说历史上有什么描述关键时刻最好的话语，上面这段话在我心中肯定能上榜。我们能说苹果是先想好了谁有手指头（TA）才来开发功能的吗？我想，应该是先有“手写

笔是个摆设”这个痛点（MOT），之后才有这么棒的解决方法的。

再举个例子，过去 SK-II 抗衰老化妆品的广告代言人是刘嘉玲、汤唯、倪妮这类熟女明星，但最近 SK-II 找谁代言呢？有村架纯（日本女星，1993 年出生），还有窦靖童（1997 年出生）。为什么它要做这样的调整，正是因为 MOT。

现在的消费者的诉求与其说是抗衰老，不如说是更希望“冻龄”。这个冻龄就是一个关键时刻，现在很多抗衰老的保养品都是 20 多岁的年轻女性在用。同一种使用情境、同一个 MOT 里的消费者需求，是可以跨越很大的年龄区间被归纳在一起的，也可以说，**MOT 才是界定用户画像的最佳方式**。

MOT 和 TA 彼此要适配，要能相互检验。有时候你可以先选择 TA，例如“想查机票比价的人”，再来想这群 TA 在乎什么 MOT。有时候是先找 MOT，再来调整 TA 设定，比如“装”，谁说只有有钱人才想“装”呢？在“装”的这个 MOT 之下，你的东西不能卖给有钱人，但可以卖给不是那么有钱的人。品牌是可以根据现有竞争优势更换 TA 设定的，要点在于，对 BTA 来说，你的 MOT 要能打透，有优势。

羊奶粉品牌 B 放大自己的美，在找到 BTA 之后，根据 BTA 再发现更多的 MOT，包括小罐装、精装、导购话术、母婴店老板的提成、协助母婴店增加流量等，这些都是关键时刻，它们成就了一个完美的品牌轮。也就是说，选择 TA 或 MOT，没有谁先谁后的问题，反而更接近逐渐收敛、校准的过程。不要纠结于先决定 TA 还是 MOT，这个精炼和打磨的过程要来回做几次才能获得更好的成效。

第十章

如何选择 MOT
做对的事：峰值体验来自其他体验的压平

一个小故事：汪老师，你觉得我会不会红？

一家唱片公司的大老板总喜欢带新人来给我看，因为他觉得我有某种特异功能，我说会红的新人，常常都会大红，我说不会红的，大部分发展都不太好。其实我并没有特异功能，让我来说一下我是怎样看人的吧。

这次来让我“看相”的，是一个从美国回来的年轻帅哥，他正拿着吉他调音，唱片公司老板说“这是汪老师”。小帅哥看看我，我说：“你简单介绍一下自己吧。”

“我会自弹自唱。”小帅哥很自信地说。

“还有呢？”

“我歌唱得还不错。”

“是吗，你唱两句我听听。”

小帅哥拿着吉他开始自弹自唱，唱了几句，我说不错。

“还有，很多人都说我很帅。”小帅哥高兴地说。

“是挺帅的，你站起来，我看看。”我又仔细地从各个角度看了看他。

“对了，我是从国外留学回来的，我是 ABC（American Born Chinese）。”

“噢，清楚。那你有没有听过王力宏？”小帅哥沉默了。

“你跟他有什么不同？”我最后问了一句。

“嗯……”

通常对话到这里就结束了。

一个歌手会不会大红，跟他会不会唱歌没有太大关系，最重要的是看他有没有“辨识度”。而“辨识度”的两个关键时刻，第一个是当观众看到你的脸时，你会不会一眼就被记住。电视上到处都是小鲜肉，只是“帅”根本跳不出来。现在信息爆炸又碎片化，一个新人能被大众看见的机会寥寥可数，所以只是好看但帅得没有辨识度，就不太好了。

我请那位小帅哥站起来转一圈，就是想从各个角度看看他的脸，是不是鼻孔比较大，还是脸歪向一边（开玩笑的），如果能找出非常有特色的记忆点，差不多就成了。我上课时常拿黄渤举例子，我们一般不会用帅来形容黄渤，但黄渤的脸辨识度超高，因此我总是下结论说“黄渤不能整形”。但一般企业没有搞清楚这一点，不去找到自己的美（辨识度）然后放大，反而全都整成网红脸。就像店面设计一样，每家茶饮店都弄得一样，消费者根本搞不清谁是谁。

第二个关键时刻，就是你的声音能不能一听就让人记住。你回想一下，所有一线歌手，只要一开口你就知道是谁在唱歌，例如那英、张惠妹、张学友。甚至有的歌手唱歌时嘴里像含着东西、咬字绝对听不清，你也能听出他是周杰伦。他们的声线、音质、技巧，完全都是他们独特的印记，过耳难忘。

有些综艺节目就是这样玩的，歌手哼哼一个音大家就能按铃抢答，辨识度就要这么出众才行。

歌手的声音辨识度就跟餐厅的味觉辨识度一样，要能让人闭着眼都听得出、闻得出。我们会喜爱一家餐厅，去了又去，绝不是因为它门口的招牌上写着百年老店，而是因为想念那里菜的味道。外观或标语很难成为印记，但五感（听觉、味觉等）很容易烙在心上。不想被无视，就必须有一个辨识度高的特点才行。

选择 TA/ MOT 要避免的误区

只透过公司的角度看市场与消费者，不是从用户、MOT的角度看

企业负责人只坐在办公室里拍脑袋想，按自己的经验推测市场，通常都是错的。不知道爱你的人为什么买，也不知道不爱你的人为什么不买。所有的想法，只来自你自己的假设。

花钱做的事，不是用户最想要的

很多企业就像羊奶粉品牌 A 一样，没有选对 MOT，结果花了很多钱和时间都在做无用功，转化率很差。因为那些都不是影响用户决策的关键时刻。

想要通吃市场，不知道哪些消费者才是第一步该去争取的

没有 BTA 的概念，一心想一口吃掉全部市场，天真地以为所有人都会爱你的产品。但结果是第一群买你的产品的 TA 根本没有裂变，买你的产品只是因为性价比。等到第一桶金消耗完，比你更便宜的品牌一出来，你的比赛就结束了。

不知道自己真正的优势是什么，也没有放大自己的美，选的 TA 与 MOT 都不是自己的优势，只会一味地抄袭，最后沦为网红脸

你也许觉得不可能，企业理应最了解自己的优势。事实

上，很多企业根本不知道自己的美在哪里。一个品牌不懂得放大自己的美，就是同质化的开始，这是品牌最常犯的错误。这里再提醒一次，企业要从“爱你的人”的视角去做竞争分析，他们告诉你的才是你的美，你应该用力放大这些，让不爱你的人、喜欢你的人也知道。

一定要记住“黄渤不能整形”。辨识度，辨识度，辨识度，它太重要了，我觉得讲三遍还不够。

选择 MOT 的 9 个原则

在第八章我提到，在挖掘 MOT 时挖得越多越好。如果你能很好地利用四大维度的 28 个洞察点去访谈三种人，你应该已经挖出一卡车的 MOT 了。现在的问题是，面对这一堆的 MOT，你该怎样选出最重要的 8 个，形成你的品牌轮？

拿之前华航的例子来说，当时，我们是怎样选出来那几个 MOT 的呢？

一开始，我们与华航策略发展部的团队坐下来，摊开内部外部各种情报资料和数据，彻底盘点了一番，针对商务舱的重度消费者，我们找到300个影响他们选择航空公司的MOT。然后我们访谈了华航的高级卡贵宾（爱你的人）、竞争对手公司的高级卡贵宾（不爱你的人），以及拥有多张不同航空公司高级卡、总是换着航班乘坐（喜欢你的人）的三种人，透过多场焦点小组座谈会的梳理，我们将这300个MOT缩减成84个。

接下来，针对这84个MOT我们做了一些假设，之后以量化研究做验证。我们下发了上千份问卷，利用SEM（结构方程）模型演算，比对再比对，最后得出极大地影响消费者决策的10个MOT。华航经营团队把这10个MOT彻底打透，做了极致的改善。我们这个研究项目于2012年和2013年执行，2015年之后华航净利润由负转正，增长了10倍多。

我必须说，这是非常严谨的研究过程，有资源、有意愿，也有知识体量去大规模执行定性与定量研究的品牌真的不多，当然也是因为飞机采购金额非常巨大，后续影响太大，所以有必要投资。华航这个研究项目对于一般公司的意义是，当选择MOT时，“你是要乱猜那无效的290个MOT，还是认真选择 10 个 MOT 去好好建立峰值，最终产生由负转正的结果”。

MOT 到底怎么选？以下是我帮助大家整理的 9 个原则。

原则 1：不同的 TA，MOT 重要性不同。

以航空公司为例，如果有三个客人，都是商务舱常客，第一个人每个月会从上海飞纽约，第二个人每个月会从上海飞北京，第三个人每个月会从上海飞日本，这三个人，在消费者访谈时你觉得谁讲的话比较重要？

答案是第一位，航程最长（上海飞纽约）的那位。这三位客人搭乘频率都一样，但第一位的里程数最高，花的钱最多，他认定的 MOT 更重要。

MOT 不是一人一票的概念。这就是为什么我们说要访谈“爱你的人”，因为他具备三高，即“购买频次高、平均单价高、使用频率高”，所以他讲的话最重要。这点一定要记得，千万不要看完书，随便访谈几个消费者，就把他们的话当圣旨。

原则 2：企业目前侧重哪一个象限？

每家企业面临的问题都不同，选择 MOT 一定要先弄明白自己公司目前最大的问题是四大维度中的哪一个，然后在那个维度里多挑选一些 MOT。

举例来说，如果企业的进店率有问题，就多挑进店率的 MOT。一个品牌轮可以放进 8 个 MOT，你大可以 8 个 MOT 都挑进店率这一维度，毕竟是进店率出了问题，当然应该优先解决这个维度的问题。

做维度判断时，公司内部要有共识，大家集中资源，这样峰值才会提升。企业很难四个维度都做透，所以在选择 MOT 时，一定要和企业目前的侧重点相符。

原则 3：是三个黄金时刻吗？

根据卡尼曼的峰终定律，消费者在经验中会记得的时刻是“最高”、“最终”和“最低”。我们不要“最低”，加上“最初”（也就是第一印象），就成了三个黄金时刻。

在黄金时刻进行体验设计，效率最高，本小利大。所以我们在选择 MOT 时，请注意所选时刻是不是黄金时刻。如果是就更好了，峰值会更高，更容易影响消费者的决策。

原则 4：消费者能不能在这个 MOT 感受到信息？

我们不是只想打造峰值，也不是只想影响消费者的决策，我们更期待的是让信息进入消费者的心智，这样品牌才能在消费者的心中建立起来。因此，当你选择 MOT 时，要确定这个 MOT 是否能传递你的品牌信息。

一个 MOT 如果弄了半天，到最后消费者根本不记得你的品牌，这个 MOT 就不能算是一个好选择。在 MOT 的三元素“是谁、在什么状况下、感受到什么”中，最后这个“感受到什么”，才是我们想要在消费者心中留下的标签。

原则 5：我的美能被放大吗？ MOT 能被打造成峰值吗？

“放大你的美”是我认为最重要的事情。你选的这个

MOT可以放大你的美吗？MOT如果选得对，消费者会毫不费力立刻知道你的美，简单的直觉才容易进入系统1。

我在访谈企业时最害怕听到一种回答，那就是“你要什么，我都可以做到”。这个回答其实很不好，“都可以”表示你没有特点，这种想法一定要改掉。我们应该以1厘米的直径打到1万米的深度，这才是峰值，才是消费者会记住的点。

原则6：哪一个MOT消费者最重视？

原则7：哪一个MOT我可以做得最好？

原则8：哪一个MOT竞争对手做得不够好？

原则6、7、8我们放在一起谈，你觉得它们哪一个最重要？

很多人看到这里会说是原则6，因为本书不断强调消费者视角有多重要。但在实务上，原则6是理论值，消费者最重视的，企业不见得能做到。所以我建议你先看原则 7，看看以你自己的实力哪些可以做得最好。原则 7 才是务实的，才是你的美。

先看原则 7，然后检查一下与原则 6 有没有交集，这才是关键。如果有交集同时又满足原则 8，那么恭喜你，你找到了 MOT。这个 MOT 消费者很爱，你做得很好，而竞争对手又做得很差，这才是绝佳的选择。

原则 9：商业模式可不可以适配？

讲到商业模式和 MOT 的适配性，我常常会举例子以帮助大家快速理解。假设现在你的身份是一位总裁，你带了两个朋友去餐厅吃饭，有以下两种场景供你选择。

场景一：朋友跟着你走进门，服务员说："总裁您好，今天怎么有空过来，真是谢谢您了。我看您今天跟朋友一起来，是要谈事情吧？我帮您安排一个安静点儿的包间，您看好吗？我们今天有套餐，都是最有特色的餐点组合在一起的，还是说依您过去一直宴请贵宾的方式来安排出菜？您先看会儿菜单，我去为您准备热茶，我待会儿马上过来帮您点菜。”

场景二：朋友跟着你走进门，服务员说：“有订位吗？订位大名？有空位都可以坐，现在都很空。我们今天是这样，有399元、499元、599元的套餐，699元的还多送一只龙虾。如果今天加入会员，还会送小菜与甜点，你要点哪一种套餐？”

你觉得哪一种场景好？第一种。我知道你会选第一种。但是，这里面有个大大的“但是”，如果第一种场景发生在人均消费99元的餐厅，它一定很容易就倒闭了。重点来了，场景一那种等级的服务员好找吗？肯定不好找，这种人一般不是餐厅老板就是老板的亲戚，其他人很难做到。

所以MOT能不能跟你的商业模式适配是非常重要的。不要去看别人的餐厅服务很好，回家你就照抄，我们在后面会讲一兰拉面与米其林一星餐厅的例子，当你选择MOT时，一定要想想这个MOT跟你的商业模式是不是适配。

弄透消费者的MOT，打造MOTX，做成那群人的生意

选择MOT，先要有足够的候选名单。以华航为例，在研究初期，MOT展开到最后有300多个，这个展开的过程很有意义。如果你想来想去只有5个MOT，那么这5个你也不用选了，这只能代表你不够了解消费者。所以在寻找MOT的初期，不要预设立场，应该尽量细化场景，把所谓的关键时刻巨细无遗地展露出来。

选择MOT，并非意味着抛弃其他的MOT，而是其他的做得一般就好，只要不产生低谷就行，因为消费者会记住的只有峰值。整体服务提升既难做到又费资源，不要走这条路。选对战场，赢得BTA，再延伸到主战场，这才是一位有智慧的将军该做的。

第十一章

怎样选择信息

一个小故事：放弃才是真开始

我的真观顾问公司创立十几年来，一直在做“品牌定位”的咨询顾问工作，我从未觉得这个讲法有什么问题，直到我到高维学堂授课之后。

高维学堂是一家培训创始人及其核心团队的实战型培训

商学院，自2015年成立以来，已经有两三万人次参与它的线下课。来上课的企业家都是来找答案的，他们的需求很直接，想学的东西都要能够实操。我刚开始跟高维学堂合作时，课程名称依照惯例，标题写的是“定位”。

我的课开始招生以后，我渐渐觉察到有点儿状况，招生率上不去，满班速度达不到我的预期。我去找高维学堂的班主任了解状况，才知道高维学堂之前已经有很出名的定位课程了，虽然内容讲的是完全不同的方向，但学生在报名时会想我已经上过定位课了呀！即使班主任很热情地给学生做推荐，他们也会一直问这两门定位课到底有什么不同。解释了半天，学生没听懂，班主任也说不明白。学生在上课时一直带着疑问到下课，满意度自然不高。

后来我觉得这样不行，在访谈了很多高维学堂的学生后，我将课件内容大幅调整（详情见前面“我怎么变成99分的老师”的小故事），我索性直接把课程改成“关键时刻的洞察与落地”。

这个改法成功地吸引了那些企业创始人的眼球。什么是关键时刻？关键时刻如何落地？我很需要落地，怎样落地呢？这门课的报名情况变得很好。

学生带着好奇来上课，两天之后，他们会很兴奋地跑来告诉我："老师您讲的这个，是不是就是定位啊？"我说对啊。学生还会说："老师，您讲的这个定位跟其他老师讲的不一样，很容易实施！"我微笑着看着他说："你答对了。"

厉害的体验设计不用你讲，用户自己会讲

当初要改课程名称时，公司的同事是反对的，大家都说，"我们已经做了十几年咨询顾问，讲的都是定位，我们应该告诉别人什么才是真正的'定位'"。但对高维学堂的学生来说，定位这个词他们心中早有看法，硬要去改变别人的看法，就是在做所谓的培育市场，也就是在硬启动消费者的系统 2。

花时间去和已有定见的消费者辩论，实在很没效率，更何况讲赢消费者有什么用？我又不是来证明我是定位大师的（我还真不是），我的目的是希望人家来报名。在课程改名为"关键时刻的洞察与落地"之后，我们以"关键时刻"为核心，

谈“洞察与落地”，后来报名情况整体改观，这门课现在应该算是高维学堂的热销课了。

“关键时刻的洞察与落地”是一个成功的商品命名，是一个有效率的信息，它不但能与其他课程产生区隔，也给人一种直观的感觉。但我想提醒大家要看懂故事的内核，在这个过程中，最困难的并不是取一个好名字，而是你愿意放弃原来自以为美的地方，放弃过去的视角，打破为自己设定的框架。定位的第一场心智战，最重要的战场在领导者的心中。懂得放弃，启用新的视角，才能看到新的世界。

选择信息的常见误区

信息要么来自企业内部的自说自话，要么来自领导者对品牌的愿景，没有测试消费者的接受度

很多企业在做品牌信息选择时，习惯于内部思维，领导们坐成一圈进行头脑风暴，或者一群专家集思广益。企业觉得要讲这个，要讲那个，以为消费者跟他们一样，听得懂，会

接受。但事实上，复杂的信息只会启动消费者的系统 2，让他们头脑对头脑，愈加理性地批判你。

另外一种信息来自老板讲的话，是老板对企业的愿景。可实际上，企业想要做到世界第一，关消费者什么事呢？消费者最终只关心他自己。

品牌停留在讲广告词上，讲了一大堆信息，但信息通通没有落地

另一种更常见的情况是，信息与关键时刻不联结。毫不夸张地说，这种情况随处可见，广告说着自己的广告语，产品做着自己的产品，店员讲着自己的那一套，通通不相关。沟通信息各自为政，更有甚者自相矛盾、自打嘴巴。

例如，我看过一个手机的广告，主视觉是一个嘻哈风格的年轻人在跳街舞，但旁边的文案写着“细节、品位、奢华”，这让人一看就很疑惑：这不是嘻哈吗？细节在哪里，哪里有品位，哪里又奢华了？这就是一种信息上的断裂。

这种信息错乱很常见，例如“五星级的享受、平民的价

格”，主打绿色环保的品牌用了很多塑料包装纸，等等。我曾经给一个运动服饰品牌做指导，该品牌如果想呈现青春活力的形象，店员就不能是年龄大的人，这和年龄歧视无关，信息一定要和品牌定位整体联动。信息要从头至尾、在每个关键时刻都保持一致，一层一层地累积印象，然后才能落地。信息只要有一个地方不相连或互斥，消费者的认知就没法建立，这需要很细致的操作，一颗螺丝都不能松。

信息如果没有在关键时刻进入消费者心智，宣传就变成了费用，而不是投资。其实，进入消费者心智最好的方式不是让他去读你的广告语，而是让他去体验，让他自己讲出你期待他讲的话。比如，学生说：“老师，您讲的这个定位跟其他老师讲的不一样，很容易实施！”

信息和竞争对手的没有差异

信息爆炸，早已让人习惯视而不见，听而不闻，没有差异化的品牌信息一定会被消费者直接过滤掉。以我为例，别人讲过定位，我再讲定位，就变得根本没差别了，招生率一定会很差。

当消费者是路过者时，他们根本不想听那么多，人家讲过了你再讲，就是花钱帮别人打广告。例如，丰田汽车被认为很省油、沃尔沃汽车被认为很安全，其他汽车品牌现在再来强调省油或安全，能成功吗？这个位置已经被占了，除非你比人家省油十倍百倍，否则消费者对这种没有差异的信息是毫无感觉的。

选择品牌信息的四大思维

什么信息是好的信息？到底该怎样选择品牌信息？我们总结了四大思维。如果在这本书中你只想学一种新观念，我希望你能学会“信息是多维的”这一观念。

什么意思呢？一般我们以为信息就是文字，但其实文字是最弱的，理解文字需要启动系统2，而“五感信息”更容易直攻大脑，会从系统1直接进入人的心智。例如，你不一定记得可口可乐最新的广告语，但可口可乐流线型的瓶子，能让你一看就知道那是可口可乐。再比如，你会想念某家餐厅某个菜的味道，但你未必记得那家餐厅的商标。你会觉得那件衣服穿起来很软很舒服，下次还想买，但你不一定记得那个品牌的英文是怎样拼写的。这些都是五感信息。

“信息是多维的”，五感交织的信息，能更有效地抢占消费者的心智。接下来让我们看一下选择品牌信息的四大思维（如图 11-1 所示）。

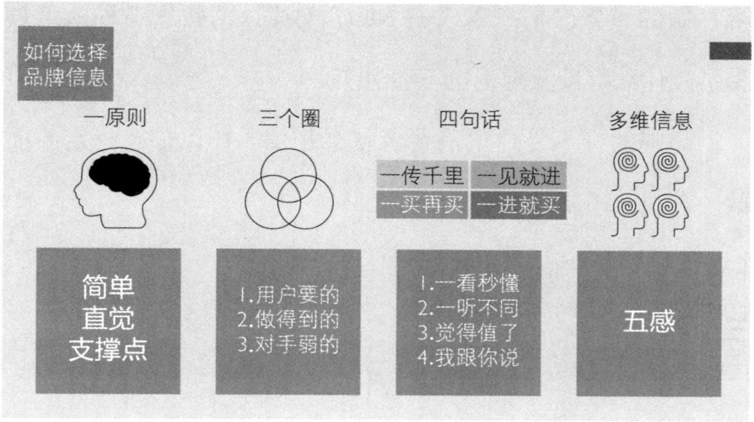

图11-1　“如何选择品牌信息”的四大思维

简单直觉与 MOT 支撑

不管如何，一个好的信息就是要简单，越简单的信息越容易进入消费者的心智，越符合系统 1，同时要有 MOT 支撑。专业、复杂的信息都是在启动消费者的系统 2，会诱发消费者的理智对抗，要让他买单就更难了。

如果你的品牌信息是甲乙丙丁，那么请你告诉我，在经过你门店的那 7 秒内，哪个地方显示了你的哪个品牌信息。讲到这里你不妨回到前面的章节，看一下艾高那个案例我们帮它做的布置。信息若没有 MOT 支撑，消费者 7 秒就走过去了，什么都没发现，也不会进店。

品牌的好不是你说消费者就会相信。所以信息一定要简单、直观，还要有 MOT 支撑。

三个圈

信息来自三个圈的交集，是哪三个圈呢（如图 11-2 所示）？

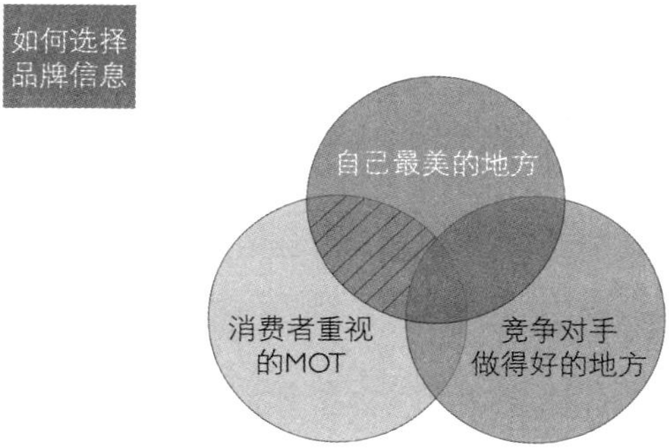

图11-2　三个圈

第一个圈是消费者要的，就是消费者有感觉的信息。

第二个圈是你能做得到的，你的 MOT 能产生峰值，能让信息进入消费者的心智。

第三个圈是竞争对手做得好的地方，标签已经被对手拿走了，你就不要再花时间去做了。

在选择品牌信息时你要利用好这三个圈，从理论上讲就是来自消费者爱的、我又做得好的、人家也没讲过的，这绝对是一个最好的信息设定原则，也就是图 11-2 斜线阴影的部分。

但在实务上你必须明白现实的残酷，那就是消费者爱的，你不见得做得到。同时，在真实的世界中，竞争对手比你想象的更强大，因此你要看图 11-3，它才是我们每天面对的真相。

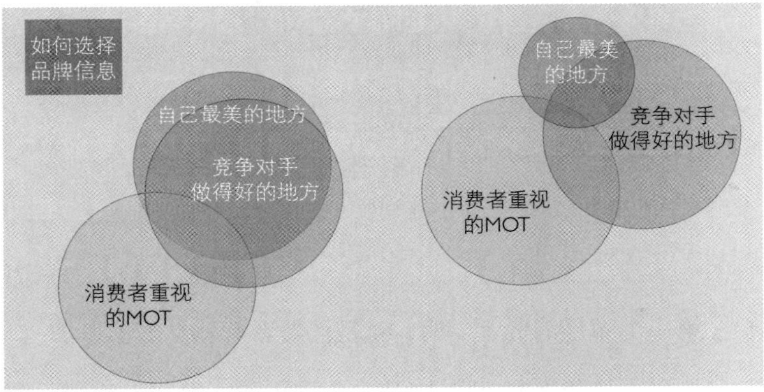

图11-3 现实的信息圈

图 11-3 左半边的三个圈，代表你跟竞争对手高度重叠，基本一样，有差异的地方很少，你想讲的信息别人都讲过了。而右半边的三个圈，你更惨，它代表着竞争对手做得好的地方比你多得多。

那怎么办呢？答案就是“消费者重视的 MOT”的部分还有很多空间，你要不断挖掘更多的 MOT。因为任何一家企业都不可能完全满足消费者的所有需求，不断地挖掘消费者的

MOT，并结合你的所长，这才是正确的做法。

四维度三信息

在选择品牌信息时，你要针对不同维度设计信息。消费者在不同的维度中会扮演不同的角色，由于对信息的需求不同，消费者接收信息的速度也不同，因此我们挑选的品牌信息也要不同。但我们有四个维度，为什么是三个信息（如图 11-4 所示）？等一下我会做出解释。

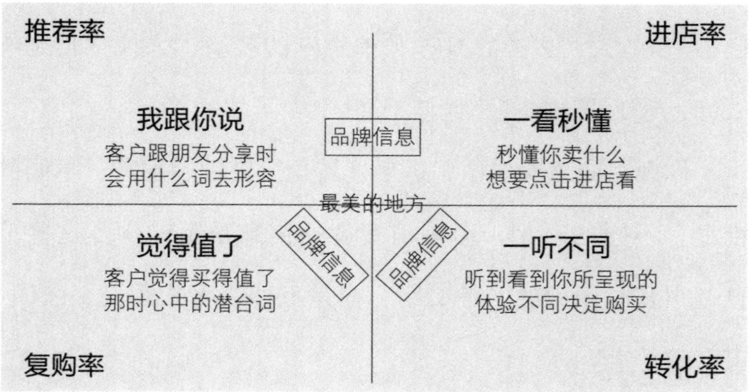

图11-4　四维度三信息

举例来说，你在逛购物中心时看到一家面包店，为什么会走进去？因为你闻到香味，或者看到很多人在排队，店面装潢不一样，这些都是吸引你进店的关键时刻。你接收到的信息是“好香、好好吃的样子、好多人”。

接下来你走进面包店，看到店里的招牌，这个面包得了什么奖，那个面包用的是北海道奶油，又有什么酸种、特别培育的酵母，盐之花顶级海盐之类的，于是你买了那几个特别的面包。这就是转化，这些故事都是设计用来让你产生转化的品牌信息。

但关键是之后，后来你为什么会再去买？因为“好吃”。

重点来了，如果一开始面包店门口只贴张海报说它的面包很“好吃”，去掉香气，去掉特殊的装潢，去掉排长龙的人流，你走进去的概率应该不高。

你现在应该明白了，进店、转化、复购、推荐，不同的维度，不同的时刻，影响消费者的信息是不同的。这些信息，很多时候用的不是文字，而是五感，譬如香气、装潢、人气等等。

因此，在选择品牌信息时，你要判断信息是针对哪个维度设计的，也就是所谓四维度三信息。

“进店”的信息——“一看就进，一听秒懂”

在进店率这个维度，要创造“一见就进”的 MOT，要想让消费者“一见就进”，信息必须“秒懂”。

在这个维度，消费者的角色是路过者，他是不专心、无意识的。走路经过一家店需要 7 秒，线上滑过一个网页连 1 秒都不到。要吸引他进店，信息只能简单直观，秒懂，让他启动系统 1。餐厅人多就是好吃，歌曲排行榜第一就是好听，限时限量就是必须抢，这些都是系统 1 的信息，人一看立刻就会起反应。

进店的信息就是要让消费者一看就进，一听秒懂，目的就是要让他进店，其他的等进了店再说。

“转化”的信息——“我要不同，我信你了”

到了转化率这个维度，信息必须让人一听不同。消费者的角色是探询者，他就是进店来做比较、问问题的，这时我们应该将这个比较的过程尽可能地“可视化”，消费者不用开口问，光是视、听、嗅、味、触（五感）就能感受到差异，他会自动地接收到品牌“有何不同”。

“转化”的信息，就是要让消费者觉得不同，我信你了。所以试吃、试穿这些设计环节，就是在促发消费者的自发性，让他们自己判断好不好吃，好不好看，这些都是转化的“套路”。

取得消费者的信任，是转化率这个维度的唯一目标。善用“可信赖事例”的背书，能更加有效地促进转化。但要注意，转化的过程必须“可视化”，运用系统1，消费者才容易接受。

“复购”的信息——觉得值了，变成“推荐”的信息

复购率这个维度，关键就是消费者什么时候使用你的产品，在使用产品的时候，什么时候觉得值了。消费者只有觉得“值了”下次才会再买，才会跟朋友推荐。

消费者觉得钱花得值了，那个时刻心中冒出的话是什么，通常也就是他会跟朋友推荐的话。消费者怎样跟朋友说起你的品牌，怎样描述你的品牌，他使用的语言、词语或句子是

什么，那句话通常就是你重要的品牌信息，因为那就是消费者最有感触的地方，也就是我们说的“复购”信息，消费者觉得值了，这个信息就会变成“推荐”信息。

我们总结一下，信息是怎么来的？来自这四维度所需要的三信息。信息不要多，如果你的一个信息能完成四维度的任务，那么这当然最好。但信息最多不要超过三个，三个以上的信息消费者是记不住的。

多维信息

讲到现在，你应该非常理解我为什么说信息是多种维度交错的、复合的、牵涉各种感官多元运作的。脑神经科学研究显示，不同种类的信息编码由不同的神经纤维主管，当多种感官一起作用时，神经元网络会联结成更多不同的神经结构，这些更多的感觉通道能让我们在处理信息时更有效率。

在做体验设计时，我们最好能同时调动两种以上的感官，例如喝茶时的闻香加品茶。让两种以上的感官联动创造出来的体验，更容易催化消费者进入系统 1。

视觉容易被颜色、符号、图案吸引；听觉最容易被忽略，非常容易被我们脑子的自动导航切掉，变成白噪声；嗅觉避不开躲不了；味觉最易和记忆产生链接；触觉易与视觉联动。即使是运用文字，真正有效的信息也很直白。五感所接收的信息，更容易从系统 1 进入心智，我们会记得更牢，联结会更强。

峰值体验绝对离不开五感，能调动越多感官一起参与的体验，峰值越高。不考虑 MOT、不考虑场景的设计，只投资于硬装修的网红思维，早已证明并不成功。五感印记才是营销上的超强必杀技，眼耳鼻舌身，温度湿度光线明暗，都要综合规划。系统 1 的威力无处不在，让消费者“一看秒懂、一听不同，觉得值了，我跟你说”，这才是有效的品牌信息设计。

心智标签就是你的品牌信息

一个品牌轮有 8 个 MOT（如图 11-5 所示），如果你的 8 个 MOT 都体现同一个信息，那么这个信息发挥的作用一定很强大。

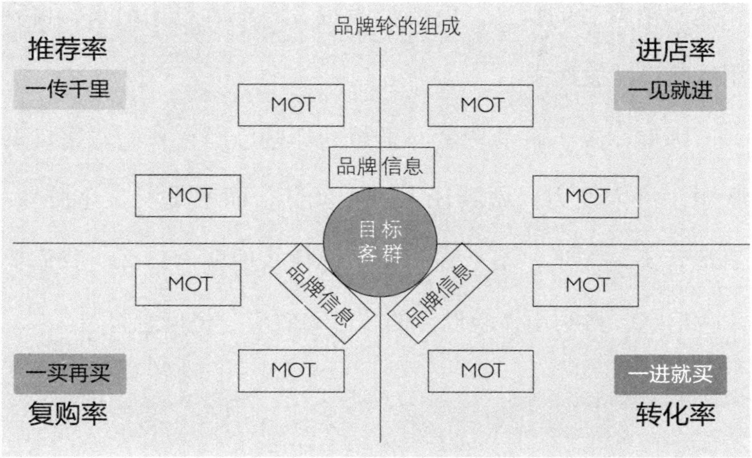

图11-5　品牌轮中的8个MOT

品牌轮中的MOT最少要能落地其中一个品牌信息。若是选择了一个MOT，没有落地任何一个品牌信息，那么这个MOT就是空洞的，没用。同理，若你的品牌信息没有任何一个MOT能够支撑它，那么这个信息也是空头支票。简单讲，信息与MOT要互相联结，互相支持。信息的支撑点是MOT，越多MOT支撑的品牌信息量越大。

那些藏在简单字词背后被深化的意义，才是我们要透过体验设计让消费者感受到的。信息得不到深化，是打不透的。

要建立消费者的认知，就要把消费者心中所想挖出来，再利用体验设计放回去。

因此，要了解消费者心里想的那些已经存在的对字词的联想，借力使力，做到让人一听就懂，而不是玩文字游戏。消费者不是傻瓜，不是你的文字说什么他就信什么。我们要深化信息，再利用体验设计的“启动效应”将信息打透。

第十二章

你就是一个成功的导演，要完成品牌轮的布局

一个小故事：老庙黄金

豫园你去过吗？豫园每年吸引着4 500万人次的客流。豫园里有一家百年品牌“老庙黄金”，我来说说我们是怎样帮它的旗舰店“景容楼”打造全新的体验设计的。

老庙黄金的景容楼位于豫园里很好的位置，理论上享有

豫园绝佳的流量红利。景容楼前面有个广场，这个广场当时并未被好好利用起来，游客在豫园里若没有先走到广场，自然就不会知道有景容楼。所以景容楼的进店率不是很理想。

另外，豫园里大部分的建筑物都是相似的仿古建筑，景容楼也不例外，没有辨识度的外观很容易被游客忽视。游客即使真的进到店里，也是在一楼逛一逛就走了，他们不会买东西，也不想走上楼，转化率也是个挑战。

景容楼进店的顾客，以老顾客居多，复购率还可以，但是没有有效使用豫园络绎不绝的新客到访的红利，也没有老客拉新客的裂变，推荐率不高。老庙黄金有一句广告语已经用了 60 年，叫“老庙给你带来好运气”，但消费者进了店，并没有感受到好运气，这个信息没有进入消费者的心智。

我们希望来景容楼的不只是外地游客，还要有上海本地人，希望他们会推荐朋友来看看。研究了以上这些问题，我们设定了这次体验设计的任务目标：

要让消费者进豫园之后先到广场。

看到景容楼会想拍照打卡进店。

进店之后会想上楼看看。

会在店里买东西消费。

拍照打卡之后会发朋友圈。

要让来的消费者感受到好运气。

上海本地人会来看看，外地的游客更会慕名而来。

所以，要怎样做呢？我们开始导演一出精致的体验大戏。

首先，我们在景容楼前的广场上铺了十块气派的黄金地砖。这些金砖是请上海城隍庙的道长主持开过光的，我们给这个意象起了个好彩头“脚踏金砖好运来”。游客都很喜欢这个祥瑞象征，平常哪里有机会把金子放在脚底下踩呀，他们一群一群聚集在广场上拍照，并且自发地叫这个广场为“黄金广场”。这是我们铺陈的第一个 MOTX。

第二个 MOTX，我们把整栋景容楼弄得金灿灿的，像一栋耀眼的黄金楼。这栋黄金楼可谓瑞彩千条，甚至二楼和三楼的斗拱部分，是用纯金金箔贴上去的。景容楼这一变身，完全就从仿古建筑群里跳出来，游客一看就会说：“哇，跟旁边的都不一样。”他们一看就想拍照。“黄金楼，这肯定是卖黄金的”，直觉联想超级强烈，于是游客就想进店看看。这栋黄金楼到了晚上更漂亮，到广场的人几乎都会拿出手机跟整栋黄金楼合影，这个动作就是我们想要游客做的。

第三个 MOTX，就是消费者进店之后，我们必须让他上楼。在这里，我们直接切入中国文化视角，利用底蕴认知进行操作。我们传统上讲的好运，指的是什么？就是五运，福禄寿喜财。我们把五运的概念加以深化，在景容楼的一、二、三层分别布置了五道门：福门、禄门、寿门、喜门、财门，就跟北京的故宫一样。游客只要循路线上楼在五运门都打了卡，用 App 许一个愿，就会得到一个专属的五运符号与颜色，这等于直接下载了一个好运气。

不仅如此，配合着第四个 MOTX，景容楼内部的中间部分被挖空，竖起一棵直达屋顶的黄金树，树上有代表五运的神兽，还有五运符号，象征着生生不息、好运连连。这棵黄金树在不同的楼层看，视角不同，每层的美也不同，三楼树顶最高的位置还有惊喜。因为艺术性的牵引，消费者好奇心大增，不知不觉就会一层一层往上爬，他们很乐意到每一层楼去捕捉黄金树在不同视角下那震慑人心的美。

第五个MOTX，是一个整合落地，我们把金砖、黄金楼、五运门、黄金树、神兽都做成微型尺寸的黄金爆款商品，消费者可以买走。我们再配合麦玲玲老师的好运系列，将这些小饰品任意组合为好运手环、好运项链，这样就形成了消费转化。这些黄金小饰品的单价刻意地设得偏低，方便豫园的游客带一个好运回家。

很多人逛完景容楼告诉我们，这栋楼应该改名叫“好运楼”。“老庙给你带来好运气”，广告语我们一个字都没有写，但好运这个信息已经进入消费者的内心。

建立品牌最重要的就是“魂体合一”，让品牌信息与体验设计紧扣在一起。在做体验设计时，我们就像一部电影的导演，借由一幕幕MOTX，去铺陈、去推动、去打造，我们创造出一个磁力场，让身处小宇宙的消费者被感动。这些场景在三个黄金时刻（最初、最高与最终）创造了超高峰值，最终促成商业指标的达成，那就是成功地让消费者进店、转化、复购与推荐。

这栋“好运楼”已经在2019年年底完工，有机会大家可以去豫园看看。

“喜踏金砖通坦途，眺望金楼步青云，五门齐过享五福，黄金树下种好运。”

TA、MOT、信息的适配原则

品牌轮，就是利用体验设计，让消费者在关键时刻为我们贴上标签，攻占消费者心智，产生商业价值。图 12-1 是一个品牌轮体验模型。

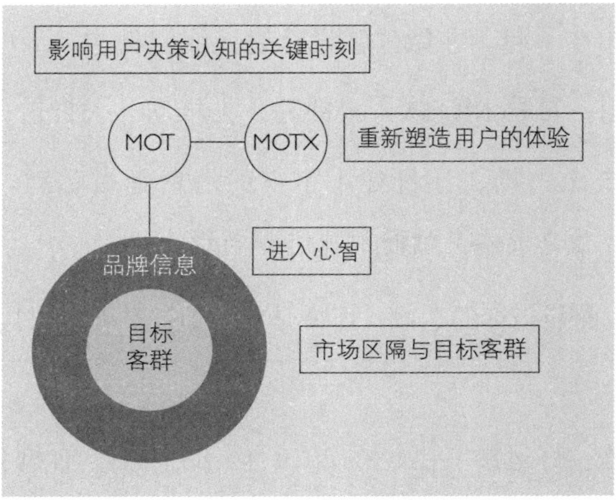

图12-1　品牌轮体验模型

目标客群：

第一群超爱你的消费者。

爱你的 MOT。

BTA 种子用户。

你的细胞，会裂变，会拉新。

品牌信息：

想让消费者在这个时刻感受到的信息。

简单、直观。

信息要深化，才能启动动机，落地进入心智。

MOT：

时刻要细化。

深挖影响消费者决策的时刻。

根据企业的侧重点在四维度中选择。

信息要在关键时刻让消费者体验到。

MOTX：

是个峰值体验，影响了消费者。

在这个体验中，消费者能感受到你的品牌信息。

利用系统 1、情感需求、落地点、黄金时刻去设计。

MOTX 就是价值创造。

品牌轮体验模型，是一套完整的战略思维，它能帮助我们做出有效的品牌体验设计。品牌轮由四个组件组成，分别是一个 TA，3 个信息，8 个 MOT 和一个 MOTX。品牌轮的运转，能让 TA 在关键时刻体验到我们想要传递的品牌信息，并且做出我们所期待的事情。

品牌轮就是利用体验设计，让消费者在关键时刻，为品牌贴上标签，攻占消费者心智，产生商业价值。那么要怎样去串接 TA、MOT 和品牌信息呢？以下我们整理了品牌轮的组合原则，可以用来检查品牌轮的组件彼此是否兼容适配。

思考企业在四大维度上的侧重点

首先要考虑，企业的问题侧重于四大维度的哪个维度，针对这一点企业内部要达成共识。就像老庙黄金这个项目，我们做的第一件事，就是先找出它的问题所在。

挖掘消费者重视的 MOT

访谈 3 种人，利用 28 个洞察点，挖出消费者重视的 MOT，这个时候挖出的 MOT 越多越好。最好能够挖出一卡车，这样后面才可以选择。

内探外询自己最美的 MOT，优先选择

放大自己的美，是品牌最重要的事，你要“内探外询”，不只是从消费者的角度去寻找去验证，还要从内部去深挖，换个视角检查哪些是自己很美却被忽略了的地方。景容楼坐落在豫园中心，流量红利是美的，广场是美的，楼本身是美的，好运气是美的，这些都是老庙黄金的美，我们应该把这些美放大。

用 MOT 切割出你的 BTA，再加入这个 BTA 还重视的其他 MOT，确定这些 MOT 跟竞争对手比你会获胜

利用 MOT 切割出你的 BTA，建立你的用户画像，依据

这个用户画像找到更多的 MOT，选出 8 个你会打赢竞争对手的 MOT，从这里开始延伸。

你的信息可以在这些 MOT 中被体现并落地

信息若是在消费者的心中没有被贴上标签，那就不是品牌的有效操作。你要确定你选的 MOT 都能呈现你的品牌信息。以老庙黄金为例，金砖、黄金广场、黄金楼、五运门、黄金树、五神兽，这些都能让消费者体验到我们想要传递的信息“老庙给你带来好运气”，同时让他们做出我们期待的事情：走到广场、拍照打卡、进店、上楼、消费、发朋友圈。

一个 BTA，3 个信息，8 个 MOT，不纠结

一家企业可以有好几个品牌轮，但要一个一个来，先聚焦，针对 BTA 先打透，再换下一个目标市场。品牌信息有一个也行，最多不要超过 3 个，消费者如果记得你的一个标签你就赢了。8 个 MOT 要好好做透，不要多，能落地最重要。MOT

不需要每个维度平均分配，侧重点可以多些，要依据公司的现状去配置，不要纠结。

品牌轮设计不可能一次到位，需要验证调整来回测试

我们公司在检验品牌轮时，是要经过顾问互相踢馆的，当一组顾问完成要交付客户的品牌轮时，另外几组的顾问就来踢馆，然后修正，再踢馆，再修正，直到没有任何问题。品牌轮不可能一次到位，这是一个来来回回修正的过程。

没有经过消费者洞察检验的品牌轮等于纸上谈兵

美国果汁品牌纯果乐，曾经在2009年花3 500万美元更换包装设计，结果导致销量下跌20%，刚改版两个月就造成美国市场3 000万美元的损失，纯果乐只好匆匆宣布改回原包装。

纯果乐北美分公司总裁承认："是我们错估了消费者对包装的深厚情感。我们之前没有理解忠诚消费者对旧图案的狂

热，而这份狂热在市场研究报告中未曾出现。”

这个轰动市场的营销大失败，当时很多人试图从字体大小、字形、颜色、版式等等美感设计方面去讨论，但实际上，这就是“爱你的人”的反扑：“我喝的是青春，不是果汁。”

一个老字号品牌在消费者心目中是有强烈的情感依附性的，那个信息代表的是信赖，以及一种童年时期建立起来的安全感，新包装设计把这种联结切断了。这个断裂，就是不了解“爱你的人”的情感需求而硬生生造成的。说真的，新设计并不丑，还有点儿新潮，但美不美不是重点，重要的是最初那个“柳橙上插着吸管”从童年起就看惯了的“印记”被移除了，这引发了消费者的愤怒。坐在办公室里随便翻报告，以为你要的就是消费者要的，结果就会这么惨。

第十三章

魂体合一，做出精彩的体验设计

一个小故事：入住酒店的神奇之旅

认识我的人都知道我很爱跑步，我每年都会休假去东京跑几天，再顺便购物。因为要跑皇居的关系，我会选择住在皇居旁的同一家酒店。每次入住，我都能感受到这家酒店厉害的体验设计。

这些精致的“设计”从入住就开始了。当我把护照交给柜台人员时，她用两句话就征服了我。第一句，她一查计算机就会微笑着对我说：“谢谢汪先生再次回来与我们共度假期。”

第二句：“对了，汪先生，我们知道您要回来住，我们保留了您上次住的那个房间，您要住同一间吗？还是想换一间体验一下？”这个就厉害了。

她做的第一个动作表明了“我知道你是谁”，她先欢迎常客再度光临。第二动作表明了“我还知道你要什么”，你有可能想要住同一个房间，那事先就安排好，若你不喜欢，还提供了选择，服务非常周到，无可挑剔。酒店登记入住是最初的时刻，是我一直强调的黄金时刻，把这个时刻做好，客人整个旅程都会很开心，之后还会把这家酒店分享给朋友。

故事还没讲完，听到她那样说，我当然很开心，我说这次我就换个不一样的房间吧。她很客气地询问我：“不知道您有没有兴趣稍微多付点儿钱，我可以帮您升级到更好的房间，而且在您入住期间，我们赠送您不限次数的免费洗衣服务。”

我一听太好了，因为跑步大量出汗必须一直换衣服，在旅行中我最烦的就是洗衣服，而且我每天跑，需要换洗的运动服太多了。她如此洞悉“关键时刻”解决了我的需求，我立刻被转化，接受了这个付费升级的提议。这个转化套路用得巧妙极了，对酒店而言几乎没有额外的成本（闲置产能的洗衣服务），却立刻增加了营业额，这个套路真高明。

后来我才发现，原来针对洗衣服务这件事，这家酒店是有精心规划的，这是个峰值。在置衣间最里面的墙上有个隐形小拉门，只要打开门把待洗衣物丢进去，再按下门旁边“请取衣”的小灯，客房服务部的人就会从走廊外面把你的衣服收走，完全不打扰住客，也不需要住客打电话。

第二天我出门回来的时候，用日式花巾包得工整美丽的木头盒子已经放置在我的房间里。打开布巾里面还有质感很好的衬布，我那些质量不怎么样的衣服被熨烫折叠好，干净清新地放在里面。我觉得这个服务超好。“太值啦！”看到那些叠得整整齐齐的衣服，我太惊喜了，马上拿起手机猛拍，现在我还把这段体验写在了书里。我到世界各地出差住过很多好旅馆，用过很多次客房洗衣服务，但从来没有一次像这样我感受到出乎意料的满意。这家酒店创造了一个我永远都难以忘怀的峰值，而我就是它最好的传播者。

这家酒店运用了非常多的体验设计的重要思维。首先，它打造了“最初”这个黄金时刻，让旅客有宾至如归的感觉。同时它的转化话术很有技巧，能让旅客立马付费升级。其次，洗衣服务是个惊喜，是“最高”这个峰值。它不断地打破刻板印象，做的都是你没想到、出乎意料、具有峰值的事情。最后，毫无悬念，我成为这家酒店的常客，不断地复购，不断地宣传。

体验设计的四大思维

MOTX，X是Experience，即经验，或者体验。体验设计不应该只是讨消费者喜欢，而是要有商业价值。我经常看到很多品牌花心思取悦消费者，消费者是高兴了，但你的业绩增加了吗？我们做体验设计不要舍本逐末，好的体验设计要能反映到商业指标上。

这就是为什么我要多次强调，在接触品牌的关键时刻，让消费者体会到品牌想要传达的信息，并做出我们期待的事。体验设计如果没有让消费者最后做出“进店、转化、复购、推荐”中的任何一种动作，就失败了。

体验设计的四大思维，就是“12 个落地点”“18 格窗”“体验设计五原则”“升维设计，降维落地”，也就是把我们前面所学的知识整合到一起运用。下面让我们一一说明这四大思维。

思维一：12 个落地点

在四大维度“进店率、转化率、复购率、推荐率”中，我们每个维度各举 3 个落地点，四维度共 12 个 MOTX 的“落地点”。这并不意味着体验设计只有这 12 个招式，厉害的人还可以想出成百上千个。这里只是帮大家起个头，这些都是浓缩的智慧，我只列举几个具有普遍性、可复制性高的供你参考。

体验设计在落地时有四句话，“始于迷惑，陷于套路，终于习惯，传于印记”，而落地点就是每个维度你最适合运用的手法。

进店率的“始于迷惑”

越是新，越是火，越是没看过，我们越想去看看。在“最初”时刻让用户长见识，产生“好奇心”，想要“凑热闹”。

长见识与好奇心是进店很重要的动机，越是新的、火的、没看过的，大家越想比别人更快地去尝鲜。在“最初”这个黄金时刻，请检查一下你的体验设计是不是最新、最火的，这样才容易让人进店。

你的店门口有什么视觉设计或信息能刺激消费者吗？有没有把爆款陈列出来？有没有香味飘出来？有没有大排长龙？朋友圈有没有人常常转发？善用潮流趋势更容易吸引消费者走进你的店。

我们要知道，在“最初”时刻，MOTX 运用了五感中的哪几感，是如何运用系统 1 刺激消费者进店的。

五感的刺激最容易让消费者启动系统 1。两种以上的感官同时刺激，效果更强。消费者的注意力可能会被香味、灯光、颜色、声响、舞蹈等吸引和触发，五感启动进入系统 1，这会让他们走进店看看。

秒懂你的美，线下经过门店一看就懂才会走进去，线上看到你的网店页面，一见就会点进去。

在进店这个维度上，消费者的角色是个路过者，他的注意力很低，他的时钟转得很快，信息太过复杂他会一律无视。线下的7秒，线上的1秒，决定着进店与否，秒懂是现代人的时钟，你的美必须在短时间被放大。不要搞神秘，不要铺陈太长，主要信息要直接推到最前面，一开始就上，千万别玩好戏压轴之类的把戏。

转化率的“陷于套路”

消费者试用的场景是关键时刻，你期待他体会到什么，最后怎么转化。

转化的关键要素之一是消费者的信任，因此试用、试吃、试穿、试喝、试课，只要能让消费者亲身体验，就能提升他们的信任感。同时降低首单的门槛，让消费者感觉但试无妨、损失不大，就像前面说的羊奶粉品牌B的小罐装，妈妈听了就买了。一步一步让消费者信任你，让消费者感觉没有风险，在转化率阶段，无论是线上还是线下，都是可以做设计的。

那么，有哪些“可视化”的信息，能引导消费者自己做比较，移除“选择障碍”，降低首单门槛？

转化的第二个关键要素是处理好消费者的“选择障碍”。消费者是喜欢比较，但你更要让他知道哪个好，一定要有“指向性”，你可以利用影音、视频、陈列，甚至导购话术，要潜移默化、或明示或暗示地告诉消费者买哪一个才是最好的。

消费者如果不知道选哪一样，就会中止购物、删除购物车中的商品，因为不买对犹豫的人来说是最安全的选择。“可视化”才容易秒懂，影音才是现代人的文字，直观快速地告诉消费者你的美在哪里，你与竞品有何不同。这个进攻招式要快、狠、准，设计的套路要几招之内击中，不要以为消费者进了门就不会跑掉。

关键意见领袖、成功案例、可信赖事例都是临门一脚，决策是“避害先于趋利”的。

临门一脚，最后帮助你的就是可信赖事例，要让消费者信任，最好的方法就是引用客观公正的其他人的背书。“在你之前有很多人买过，没有风险”，所以成功案例、评价给分制度、得奖经历、国内外专家证言等等，甚至关键意见领袖、大V、网红、名人加持、明星光环等等，都是为品牌背书的好方法。

别忘了消费者买东西是“先避害，再趋利”的，别人已经帮忙甄别试错，这能大幅消除消费者的戒心。

复购率的“忠于习惯”

什么时候客户“觉得值了”？这个值了必须标准化。

消费者会再买，一定是觉得买这个东西值了，这是品牌的关键时刻。品牌要下的功夫，就是在这个维度上重现这个关键时刻，给予消费者始终如一的美好体验，把这个体验标准化。当消费者习惯了我们的给予，并对得到我们的服务有了一致的期待之后，他就会一再使用，成为老用户。

低谷也是机会，用户使用产品最常出现问题的时刻，正是建立峰值的时刻。

买一次就不再买的消费者，有非常大的比例是在使用的过程中遭遇了“低谷”，这个“最低”的经验，消费者一定会记住。这个比例如果过高，就表示你的产品一定出了问题，必须立刻改善。低谷即使不常发生，也应成为体验设计的目标。

举个例子，有一次，我下飞机时走得匆忙，把刚买的入耳式蓝牙耳机忘在飞机上了，一离开机场我就想起来，心里说完了，耳机体积那么小，肯定找不回来了。飞机是半夜落地的，我只能第二天一早打电话去航空公司。

我报上航班与座位号码之后等了30秒，电话那头的客服就回应我："汪先生吗？我们在您的座位上找到一个黑色皮制盒子，您可以简单形容一下吗？"我说可以，就形容了一下。接着他问我："您亲自来拿还是我们寄给您，货到付款可以吗？要加急还是正常邮寄？"这通电话我是早上出门之前打的，当我和客户开完会中午回到办公室时，东西已经在我的桌子上了。失而复得的感觉有多好，应该不用我来形容，从此以后，我不但在上课时公开讲这个故事，还把这个体验写进书里，我从使用者变成了推荐者。

航空公司知道"乘客落东西"有一定的发生概率，一旦发生马上就会进入它预先准备好的循环系统，从清洁人员上报到收藏再到记录，一气呵成。所以即使是清晨打电话过去，客服也能30秒告诉你答案，根本不用等，马上寄给你。这就是抓住了用户使用产品可能出现问题的时刻，建立了一个超级峰值。

建立独一无二的“记忆点”（想念与习惯），这个记忆点就是让用户再回店与再次购买的时刻。

消费者会再买，会再回到店里，很多时候是想念，是习惯，你可以问问很多苹果手机的用户为什么不换别的品牌，很多人会说“我已经习惯了”。所以你如果能创造那个习惯，那个想念，那个记忆点，就能把人粘住。

五感的记忆才是强链接，能让产品信息深刻而长久地留在消费者的大脑中。人脑非常懒惰，虽然在复购率的维度上，人们一般处于系统2状态，但幸好系统2没办法支撑太久，所以人们会觉得麻烦、懒得换、将就算了。我们常说“习惯成自然”，做品牌体验设计，就是要让消费者习惯有你之后懒得变心。

推荐率的“传于印记”

用户透过你的产品，告诉别人他是谁。

人其实是透过身上的东西，告诉别人他是谁的。心理学的实验证明，人永远都在判断自己投射出去的形象，判断别人会不会买单。买奢侈品的人就不用讲了，买性价比的人，其实是告诉别人，我很聪明，我买对了。

人的消费决策说到底还是情感需求，对象就是一种媒介，你应该善用这一点，让品牌或产品成为消费者传递自己价值的一部分，这样你就打入用户所在的圈层了。

故事、照片、对象，做成能分享的格式，要让消费者有东西能分享。

“我朋友说”，是品牌最关键的时刻。做品牌体验设计，一定要穷尽手段去创造那个时刻，想方设法让消费者分享，分享，分享。

有时候我会跟甲方客户开玩笑说，现在这个年头，做营销活动没人帮你转发，你就回家睡觉去吧。所以，无论什么事，只要消费者会帮你分享，你就要预先做出设计好的、制作好的、让人能反射性地转发出去的内容。

比如，现在消费者选择餐厅，菜好不好吃不重要，能不能拍照才是第一等的大事，大部分时间菜一上桌，大家都会说等一下，我先拍，拍了上传之后再吃。所以餐饮业灯光很重要，光线投下来要能美颜；摆盘很重要，配色要好看要有巧思，桌椅摆设要能衬托消费者的美；服务员不能只会上菜，最好每一个都是神拍手，能把客人拍得又帅又美。不能拍照的餐厅现在连外卖店都比不赢。

传统媒体的广告效果已经被打败，圈层营销、网红营销、自媒体营销都非常高效，短视频已经是很基本的内容形态了。秒懂是现代人的时钟，影音是现代人的文字，从品牌方的立场来说，想要通过互联网传播的信息，就要依照“短、薄、垂直主题（分众主题）”的格式裁剪好，打包好，方便任何人一键转发，这样信息才能光速传播。

那么，你的印记在哪里？怎样才能构建强烈的五感印记？

要怎样让消费者成为你品牌的传播者呢？就是要做出印记。印记就是在消费者心中那个最直接被联想的印象，比如蒂芙尼珠宝的蓝色盒子、耐克球鞋的对钩符号，或者米高梅公司在电影开头的那个狮子吼。

现在营销学一个很火的术语叫“超级符号”，讲的就是品牌印记，但印记不一定只是符号，五官的感受也能构成印记，比如麻辣锅的浓重气味（就是那个味！）、岩浆巧克力蛋糕切开的断面（你看它流出来了！）。只要是一个能被传播的强烈印象，就是印记。品牌要想获得更容易的传播，一定要具有超直觉的联想，要成为一个浓缩的印记。高明的体验设计会在这方面下功夫，让爱你的人一键转发。做好一个印记，你的品牌才会一传千里。

思维二：18 格窗体

本书讲到这里，介绍了很多体验设计工具，为了方便大家实操，我们把这些工具整理成一个清单。想要做设计体验的企业品牌，不妨好好利用下面这 18 格窗体（如表 13-1 所示）。

这 18 格你要依序回答，一格一格地填。若是前面的章节你没有认真看，那么这个表格你是填不出来的。没错，这个表格整合了前面章节讲过的模板、调研、结论，你可以将自己的品牌信息逐一填入。这就是品牌体验设计应有的呈现。你在做体验设计时考虑的 18 格的维度越完整，你的体验设计越成功。

表13-1 18格窗体

1. 简单描述MOT	2. 这个时刻多久	3. 现场有哪些人	4. 原来MOT的痛点		5. 传递品牌信息
14. 第一，请在这里说清楚你的MOTX设计，就是那5分钟发生了什么事情。第二，讲明白你的设计与第6~13格的关系（套路到底在哪里？峰值在哪里？）			15. 消费者心中的潜台词	16.消费者最后做了什么动作	6. 维度侧重点
			18.企业的成本为何	17. 这个MOT的指标为何	7. 企业谁负责
13. 哪个落地点	12. 哪些情感需求	11. 消费者是什么角色	10. 消费者有哪些感官参与	9. 运用了什么系统的哪些心理定律	8. 哪个黄金时刻

思维三：体验设计五原则

在填这个18格窗体与进行体验设计时，你要注意以下这些事情。

MOT一定要细化才能落地（符合MOT定义），时间在5分钟之内，20秒更好

关键时刻可能只有几秒，根本不会太长，如果你写的时刻超过5分钟，那么一定要再细化。时刻越短越精确，越容易体现峰值。

信息必须在这个 MOT 中能落地，第 5 格就是你的品牌信息，不能改

信息没有在这个时刻得到体现，没有进入消费者心智，一切都是徒劳。你在品牌轮中的三个信息，也就是 18 格窗体的第 5 格的信息，是不能改的。在第 5 格，你只能写下品牌轮中的一个信息，这时不能变更你的信息。不然你的体验设计就与你的品牌轮连不上了，那样一切都乱了。

品牌最重要就是要“连”，信息与 MOT 要连，与 TA 要连，这样信息才会进入消费者的心智。

第 7 格必须填人名

这一格绝对不能填部门名，填了部门名就没人负责到底了。第 7 格只能填人名，同时这个人名的职级不能太低，如果你期待一个新员工能整合各部门的资源共同做好一件事，那么你真是想多了，这是不可能的。

这个负责人，职级不能低，通常要副总经理级别以上才行，这样才能调动不同的部门共同前进。这个领队人，必须兼备优秀的职业素质和高超的社交技巧，还要有适当的企业授权，这样才能推动项目前进。

第 14 格要明明白白地写清楚你的设计

在这一格，你要讲清楚，你的设计到底是什么，你要回答为什么你的设计可以满足前面 6~13 格的维度，你讲得越清楚，可执行性越高。如果这里写不清楚，那么落地肯定有问题。

无论如何消费者最后一定要有个动作（第 16 格）

体验设计的最后，一定要让 TA 做出你希望他做的事，要有一个行动，可以是"进店、转化、复购、推荐"中的任何一个。很多体验设计，只是把门店弄得很美，但消费者不进店；服务人员彬彬有礼，但食客没有点比较贵的菜；气氛很棒，消费者觉得开心，但没有拍照发朋友圈分享。这些都是在做无用功，都是无用的体验设计。

体验设计不是用来取悦消费者的，**体验设计一定要发挥商业价值**。不管最后的目的是让 TA 下单、让他拍照分享，还是点赞转发都可以。所以，第 16 格就是你期待用户会做的事情，只要用户最后真的做出你所期待的事，你就赢了。

思维四：升维设计，降维落地

“打破刻板印象”是所有体验设计的关键，利用“新旧、古今、跨界、中西”，反差交错产生惊喜

所谓打破刻板印象，讲的就是出乎意料。认知心理学家发现，人们经常会以特定框架或参照标准判断某种经验，这个框架或锚定，就是消费者心中原本的期待值，你若超越期待，打破框架，峰值立现。同时你要多利用“跨界、融合”，既运用原来的参照点诱导信息，又因跨界混搭而打破刻板印象，这是体验设计最常用的手法。

消费者属于什么角色，不同的角色“注意力”不同，视角不同，结局不同

消费者的角色不同，注意力也不同，因此你要给他的信息和设计也不同。我们在前面不断提到四大维度（进店、转化、复购、推荐）和消费者的四种不同的角色（路过者、探询者、使用者、传播者），你在做体验设计时，重点是“视角”，找对视角也是需要练习的。企业最常犯的错误就是以自

己的视角看事情，“以不同的视角看世界，才能做出好的体验设计”。

结合消费者“人生里程碑”的时刻，建立“仪式感”

心理学家说，人死之前会记得的，只有人生的关键时刻，譬如第一次结婚、第一个小孩、上大学、第一份工作等等。如果你的体验设计结合这些人生的关键时刻，峰值会更高。

还有就是仪式感，仪式感包括审美感、崇高感、标志性、形式化这几种元素，这些元素能让人进入一种情境，能唤起他们强烈的情感。比如，徕卡相机的手动对焦、定焦、慢拍，完全违反主流效率要求，主打一个慢速度的节奏，它让拍照不再只是拍照，而是摄影，这就是产品使用过程中产生的仪式感。因为你常常会一想到那个动作，就想起那个仪式，进而想起那件事。我们在高档餐厅的上餐、航空公司商务舱的登机时都可以看到这些。

关于仪式感更深入的例子，我想起一个很有特色的服务，就是近藤麻里惠的“整理咨询顾问”服务。她在2010年出版了《怦然心动的人生整理魔法》一书，全球 42 国累计销量已破千万册，她更是当选美国《时代》杂志“2015 年度全球百位最具影响力人物”。

她的咨询服务包括到家指导整理，在这一套整理术中，她设计了具有浓厚的心灵层次意义的步骤。比如，她进入每一个找她咨询的业主家中，诊断之前的第一个动作，就是缓慢优雅地在房子正中央跪坐下来，闭上眼睛进行几分钟的静坐。

“和这个房子打招呼”“请求房子的允许，感谢它”，近藤也会邀请房子的主人一起参与这个静心交流的时光。这个仪式我认为非常关键。

整理房子、丢弃东西，即使已经下定决心要面对脏乱，大多数人也会压力很大。这个和房子打招呼的静坐过程，借用了一点点形而上学的神秘力量，即“万物皆有灵”这个认知，对屋主来说，尤其对外国人来说，这是一种冲击力很强、触动心灵的体验。

后续收纳和断舍离的打扫工作，其实完全由屋主自己动手，近藤只在开头时带领屋主静心并教导他整理的原则（最初），然后笑容满面地出现，给予屋主温暖的肯定（最终）。明明累得半死、出钱找近藤咨询的屋主，由于这个体验太触动心灵，几乎就是一种自我对话与自我了解的疗愈过程，所以消费者（屋主）满意度超高。毕竟是自己动手整理自己的家，所以体验的峰值停留在最高、最终，而且持续时间最久。

近藤把这套仪式感整理术成功地转换成可赚钱的商业模式，她创立了媒体公司，除了拍戏和出书，近藤已经开始通过传授整理术并颁布“整理咨询顾问认证资格”来赚钱，那么她收多少钱呢？每人 2 700 美元，而且维持顾问认证资格每年还要再付 500 美元。所以仪式感、体验本身，都是能赚钱的。

牢记到底要解决什么商业问题，要体验，也要务实

一定要记住，做体验设计，最终是要解决某个商业问题，也就是四大维度（进店、转化、复购、推荐），体验设计不在多，而在于峰值。消费者不会因为你做得多而记住你，消费者会记住的就是“最初”“最高”“最终”几个关键时刻（峰终定律）。因此做一卡车的体验设计，信息没有进入消费者的心智也是白搭，最后消费者没有做出我们期待的动作也没用。这就是我们说的，品牌轮的目的就是让 TA 在关键时刻体验到我们想要传递的品牌信息，并做出我们期待的事情。

体验设计就是导演一场让用户爱上你的戏，你卖的不是咖啡

要将体验设计落地，你就要像个导演或编剧，设计好剧本，搭配场景和道具，带领观众（消费者）进入情境，记住那句揪心的台词，留下余韵。观众大笑或大哭，都是你设计得好的结果。

MOT 为体，MOTX 为魂，魂体合一，才是最佳的体验设计。要记住，我们卖的不是咖啡。我们卖的是喝咖啡带来的感受。

第十四章

没落地一切都白搭 MOT的落地与商业模式

一个小故事：老板参与，全员动起来，才会成功

西贝连锁餐饮华南区的齐总找我去做企业内训，两天的课程，齐总要求华南区 60 家分店的店长都来上课。第一天我讲洞察，早上 8 点 30 分上课，上到下午 4 点，齐总要求店长们下去换衣服变成服务员，立刻将今天学到的洞察方法用到

门店，然后晚上 9 点回来做分享。晚上 9 点店长们兴冲冲地回来，各组热烈地讨论在门店观察到的非常多的之前没有发现的事情，我们一直复盘到晚上 10 点才回家。

第二天的课程讲落地，一样是早上 8 点 30 分上课，没有一个人迟到，大家士气高昂。下午 4 点大家换衣服，再去门店，将 18 格窗体做成的体验设计放到门店实操。晚上 9 点大家陆续回来，兴奋地分享当天实操中有趣的细节，消费者如何惊喜，如何有效地增加了进店与转化。我一一跟大家分享可以再修正的建议，我们一直复盘到晚上 11 点 30 分。

这时候，两天全程参与的齐总过来跟我说：“汪老师，真的非常感谢您，我们收获很多，您明天一早还要赶飞机，真的不好意思耽误您到太晚，您先回去休息，我们内部再讨论一会儿。”我回去之后他们一直讨论到深夜 2 点才结束。

大家都说西贝经营得很成功，你没看到的是，这群人从上到下都求知若渴，即知即行，这样的企业怎么可能不成功！

我做过的成功的项目，无一例外都是企业领导者亲自参与，高管们有共识，全公司动员起来，抓几个重要关键时刻打通打透。要知道，体验设计要有峰值，不用做多，而要做深，以 1 厘米的直径打到 1 万米的深度，要做就要做到这种程度。做深就需要好几个部门一起合作，才能成功。不论是华航案例还是老庙黄金案例，都是一样的。

落地四原则

建立共同语言：参与成员要先懂得什么叫 MOT，有共识才能合作

品牌体验设计的跨度很大，需要各部门发挥强大的协作能力，尤其是这一过程会牵涉许多商业判断与策略决定，会在很大程度上影响公司资源的安排。团队若没有共同语言，就无法达成共识，体验设计将难以成功。

如果你身为企业家又上过我的课，那么你可以帮助你的团队。如果你看过本书很感兴趣，那么你可以让伙伴们组织一个读书会，大家一起讨论。有共识，有共同的语言，下一步才会更顺利。

重质不重量，酷炫高大上，做不出来等于白搭

一开始千万别想太多，不用选太多 MOT 来做，MOT 在乎峰值，不在乎数量。也不要搞一个系统庞大的 MOTX，先从最简单的开始。先在一个小地方取得成功，大家会更有信心往下做。先获得小成就，再实现大目标。

每个项目都有错综复杂的各种矛盾，我们不可能将所有的矛盾一一化解，但是我们必须找到影响项目成败最核心的矛盾，并彻底解决它。做精不做多，重质不重量，要给自己做好心理建设。

迭代才是达到峰值的关键

没有人可以一次把事情做完美，完成了 18 格窗体，一定要到现场去试做。找导购，找业务，找一些消费者试试，不断迭代是达到完美峰值的唯一方法。

最大的问题是领导者没有参与细节

领导者不带头，项目便失去了强力支持，大家还是会按照过去固有的思维做同样的事情。因此提醒领导者，一种不同的思维要实现企业导入，一定要有领导者的支持。领导者必须是一个介入细节的管理者，在关键会议上必须出来面对，拍板做决定，而不是叫人先试行、自己再看看。

有些体验设计改造项目之所以没有走到最后，是因为领导者自己不想坚持下去了。说了半天，一切回到原点。定位的第一场心智战，最重要的战场在领导者的心中。领导者不面对，企业就不会发生改变，体验设计一开始就注定不会成功。

MOT 落地十步骤

步骤 1：全员先看书或上课，建立共同语言。

步骤 2：检视企业四大维度，就问题出在哪里达成共识。

步骤 3：内探外询找出自己美在哪里。

步骤4：针对三种人洞察，进行最少三场的焦点小组座谈，挖出MOT。

步骤5：形成BTA的假设。

步骤6：选择MOT。

步骤7：深化信息。（注意，步骤5、6、7没有先后顺序，哪个都可以先进行）

步骤8：在开会时将步骤5、6、7组合成品牌轮，完成1个TA，3个信息，8个MOT。

步骤9：进行体验设计，完成18格窗体，进入现场测试。

步骤10：利用焦点小组座谈进行后测，同时不断复盘修正，以获取完美峰值。

MOT就是你的商业模式

一个小故事：一兰拉面与米其林一星餐厅

一兰拉面是一家日本连锁拉面店，发迹于九州岛福冈，其浓郁的米白色豚骨高汤配上细面条加上著名的赤红辣酱，简单朴实的味道，早已打动了全世界。它在中国香港、美国、中国台湾都设有分店，每家店的顾客都得排队 30 分钟才能吃到这一美味。根据《福布斯》报道，一兰拉面于 2018 年营收突破 2.3 亿美元，每年服务人次超过 1 400 万。

去过一兰拉面的人，首先会对它的座位设置感到十分惊奇，这种中间设有隔板的单人隔间式座位，座椅的舒适度并不理想，这种座位还有个名字“味集中座位”，它们的目的是希望客人能在隔间式座位中专注地享受拉面的香气与美味。

整家店除了入口排队处引导人流的招待员和送餐到座位的服务员，是看不到其他服务员的。拉面煮好之后，送餐的服务员通过小窗将拉面送到顾客的小隔间里，之后他会把隔间小窗子的卷帘放下，形成一个专属于顾客的不被打扰的空间。整家店的客人都在专心吃面，几乎没有人交谈（毕竟也没有办法交谈），也没有人为你提供其他服务，这个体验真是挺特殊的。

据说，一兰拉面的汤头配方全世界只有 4 个人知道。它在网站上的宣传文案这样写道：“因为秘方不外传，就不会有员工离职后自行开店的疑虑。正因为如此，知道秘密配方的 4 个人，绝对不会搭同一班飞机，甚至连航班的日期、起飞的时间都会错开，就为了守护传统美味。”

一兰拉面生意这么好，但店面面积并不大。据说社长吉富学要求面条煮好装碗后得在 15 秒之内送到顾客面前，不然面条软掉会影响口感，而且一兰拉面的厨房与座位的距离都控制在 28 米以内，就是为了确保最迅速地上餐。以上这些，都是网站上能找到的信息。

每次去东京，我一定要抽空吃一兰拉面，我最欣赏一兰拉面的一个点，就是它的每一碗拉面既能标准化，又可客制化（给客人选择的空间）。一兰拉面包括汤头浓淡，面条软硬，要不要加葱蒜、加多少，客人每一样都能在点菜时事先做好选择。重点来了，你每多加一样就要多付一点儿钱。点单就是用门口的自动投币机，选完之后付钱。看不懂日文的，提供中文、英文、韩文各种语言的纸质菜单，这样你绝对不会选错。

一兰拉面还有一个特点，24 小时营业。24 小时是什么概念？就是 24 小时顾客不断排队，门店不断收钱，可以说一兰拉面赚翻了。

我们来解析一下一兰拉面的MOT与商业模式的关系。

这种特殊的座位安排，我想你大概不会在里面吃很久，翻桌率肯定高。

对着帘子吃饭，见到的服务员很少，雇用的人不用太多。

店的面积不大，上菜速度快，同时精简空间。

少量的客制化让其实没什么选择的菜单更有个人专属感，同时添加什么都要加钱，提高了平均客单价。

因为菜单选择少，容易标准化，每碗面都一样好吃，也容易用投币机点餐付费，外国人自助点餐也没问题。

一天24小时不停在赚钱，因为店内事务都已标准化，不用养很多人。

因为菜单选择少，所以人员培训容易。

“把煮面的方法标准化”，这实在太重要了。设备、餐具、步骤、训练方式都要标准化，一兰拉面打磨出的这套煮面条的标准流程，根本不需要现场人员有什么大智慧来判断煮几分钟面熟了没有，反正照做就行了。新员工培训一个星期就可以上场煮面。这个员工如果不喜欢煮面了，就换下一个人。“人的技术能快速复制”，这就是关键。

一兰拉面的座位舒服吗？不舒服。和同伴一起吃能交流吗？完全不行。听说社长吉富学为了发明一格一格的隔间和找到独具一格的椅子，花了很长时间。这样做的目的，当然不是让你坐立难安，而是希望你的注意力百分之百放在眼前这碗美味的面条上。专注才能感受到面条感性的那个部分，本来不觉得漂亮的葱花，看起来色泽是那么鲜艳，汤头上浮的一层油花，也变得光泽油润。这种具有压迫感的封闭式座位设计，半强迫地关掉了我们五感中发散式的巡弋功能，让我们把焦点放在拉面上。而且这种吃面的方法还能加速翻桌率，吃完了不走，坐在那里多尴尬。

一兰拉面使用自助点餐投币机，面碗从厨房直接上桌没有巡场人员，这种看不到多余的服务人员的方式，也节省了人力。一兰拉面肯定不是因为没钱才不请人，而是招人来就得培训，培训才是最昂贵的成本。而且人服务人最难标准化，所以它直接放弃服务人员，把标准化的部分全部集中在厨房里，在厨房里一决胜负。

企业只有做到标准化，规模才能做大。方法简单，才有办法复制。企业家不要总是想太多，心太大，复杂到最后没有一个员工能够承受，怎么做都是错，之后企业家又抱怨找不对人。员工如果有你那么厉害，他自己就当老板了。对人要有正确的期待，挑对几个关键时刻，尽全力把它做到最好。

“食不厌精，脍不厌细”

相较于一兰拉面，我再提供另外一个很不同的体验故事。那是一家日本米其林一星的西餐厅，Ginza Hirayama（银座平山），在东京，这家餐厅应该算是传说中的神秘名店，隐身于高级住宅区，相当不好找。

银座平山不算老店，它于 2011 年才成立，创办人平山先生是极为年轻的主厨，这家餐厅没有广告、没有官网，很神秘。但是靠着高质量的料理它获得了很好的口碑，是许多政商名流的常去之处，连安倍晋三也曾前往聚餐。这家餐厅崛起很快，要提前两三个月预约才有位置，是东京牛排馆中的新星。

我跟太太一起去用餐，她点了牛排，这是银座平山的招牌。主厨先过来很礼貌地询问大约要多少克的肉，对，就是问到克这么细。然后他走回料理台，从包装得很精致的和纸中，拿出一块厚度超过10厘米的牛肉，那个牛肉的等级远远看上去就知道非常高级。之后主厨做了一件让我吓了一跳的事，他开始细心地剔除那一大块牛肉旁边较不完美的筋、油、边边角角等。

要知道，以那块牛肉的等级，即使不做这种剔除也很漂亮了，直接做料理是没有问题的，但主厨还是花了很多时间，很入神地左割右切，我看割下来不要的肉，可能比他实际要煎的牛排还多，基本上他取了中间最完美的一小部分，制作了一份牛排。

我太太说这牛排是她吃过最好吃的，入口即化，甜美，油滑但不油腻。我心想当然了，切掉那么多，不好吃就怪了。

这家餐厅总共八九个座位，一份铁板烧套餐要价一人3万日元，菜单非常简约，没有图，没有多余的说明，只有书法体写的标价和几道菜名。当晚包括我们一共5个客人。主厨二厨副手加上服务员，整家餐厅可能有十几名工作人员，他们整个晚上就服务我们几个客人。其中一位服务员，整个晚上就站在我后面，从头站到尾，就等着为我服务。我稍微动一下他就会趋前问我需要什么，非常殷勤周到。

其中还有个小插曲，就是套餐在一道一道吃到最后时，主厨用日语问了我们一个问题，我不懂日语他不会英语，两边没办法沟通，最后他给我们上了一碗白米饭和各种日式酱菜，我想说这样的收尾也还可以，就开始吃。吃到一半，我看到主厨先拿牛肉逼出牛油，然后拿出白米饭和蛋倒在烧热的铁板上炒成蛋炒饭，我想说蛋炒饭已经很好了，没想到他更过分了，把牛排肉切成碎丁，用那么好的牛排去炒饭，最后变成了牛肉蛋炒饭。

到这时我已经看傻了，这是什么等级！但是还没完，我眼看着他又切了跟脸一样大的牛肉薄片，用高汤涮过之后切细，拿去铁板上煎，煎成脆片后撒在牛肉蛋炒饭上，最后淋一大汤匙浓浓的牛肉咖喱酱汁。最重要的是，这道菜做完之后，他直接端给另外三个人。我真的快要晕倒了，因为大家都是一样的套餐，只有最后这一道不同，就是因为刚刚我们沟通不畅选错了。实在是太可惜了！这个最终的峰值就是个低谷，因为它没有标准化。

我们来解析一下银座平山的MOT与商业模式的关系。

餐厅位置不好找，一般人不会进店。

要切掉一块高质量的牛肉那么多肉，应该很难标准化，很难雇到人。

餐厅只有八九个位子，工作人员如此之多，不一定赚钱。

最后这个低谷，也很有意思。日本很多高级餐厅特意不讲英文，可能是为了营造特殊体验。只是在标准化（相同套餐/相同获得）与客制化之间，还是得找到解决方法。

选择MOT，就是选择商业模式

一兰拉面和米其林一星餐厅，没有谁比谁好的问题。两种不同模式的客群需要的关键时刻不同，满足的方式也不一样，要做好选择，千万不能拿米其林餐厅的水平去服务一兰拉面的客人。

选择 MOT，就是选择商业模式。不管你想做一兰拉面，还是想要变成米其林餐厅，都要看你的 MOT 能不能支撑这样的商业模式。品牌不一定要卖得贵，而要抓对 MOT。企业就怕卡在中间，既没有标准化，又没办法卖得贵，这才是问题。MOT 的选择体现了你的商业底层逻辑。

第十五章

人生的关键时刻

一个小故事：42公里的全程马拉松

我很爱跑步，但每次参加全程马拉松之前，心中都有一番挣扎。

担心下雨天湿湿的很难跑！

担心天气太热直接爆掉！

担心自己没练好跑不完！

担心跑完之后脚受伤！

更担心一起跑的朋友身体受不了！

参加一场全程马拉松，需要投入大量的身心资源去做准备。首先，你需要非常好地保护自己的身体，尤其是你的脚和膝盖，一旦受伤，一切的训练与准备就会化为泡影。

其次，跑马拉松是有“训练菜单”的，你至少要在两个月前就开始有规律地照着计划训练，每天把该跑的里程跑完，否则到上场的那天你是绝对跑不完的，绝无侥幸。

再次，“每减 1 公斤，跑马拉松可以快 3 分钟”，严格的饮食计划就是这两个月的铁律，要将身体的重量控制在目标范围内，这段时间就得过“少吃多跑”的日子。最后，比赛当天，参赛者需要坚持在凌晨 3 点起床，因为起跑鸣枪通常在早晨 6 点左右，把车程、报到、寄存物品、排队、早餐消化、暖身等时间考虑进去，早上 4 点就得出门。我还有睡在游客中心的地板上等着报到的经历。基本上参赛者当天睡一两个小时就要开跑，而且一跑就是 42 公里。

马拉松是跟自己的比赛，每位参赛者都必须根据路况和身体状况随时调整自己，“好好配速”，一切都要做到心中有数。否则，如果前面跑得太快，后面可能就会爆掉。或者一路龟速，不断地被别人超车刷卡，最后还被关门，这种感觉也不太好。跑的时候，放弃的念头时不时也会出现，你要不断地告诉自己，目标不远了（其实还很远）。与自己不断对话是这 42 公里你唯一能做的事。

你觉得上面讲的这些，都是跑马拉松的关键时刻吗？其实不是。

真正的关键时刻，是你面对心底千千万万个想偷懒想放弃的声音，穿上鞋出门练跑的那一刻，那才是关键时刻。人生，不也是如此吗？

结语

现在，你应该完全明白了，我们一开始所说的在关键时刻，让消费者感受到我们想要传递的信息，并做出我们期待的事情有多重要了。你也应该了解，人并不像我们想的那么理性，系统1无时无刻不在影响着我们的决策。

随后我们讲到峰终定律，提升整体服务作用不大，唯有峰值体验消费者才会记得。然后我们讲了“最初、最高、最终”三个黄金时刻，直到整合8位大师的理论的品牌轮，以及品牌轮的四组件，即“TA、品牌信息、MOT与MOTX”。

我们学习了MOT的定义三元素，“是谁、在什么状况下、感受到什么”。我们讲了三种你必须了解的人“爱你的人、不爱你的人、喜欢你的人”，这三种人非常重要，你不了解他们，就不知道怎么做洞察。

然后我们进入 MOT 四维度，“进店率”“转化率”“复购率”“推荐率”，也就是洞察四句话：消费者在什么时刻“一见就进、一进就买、一买再买、一传千里”。企业内部要有共识，问题到底出在哪个维度，要找到企业的侧重点。没有聚焦，各做各的，回到整体提升的老路，就没有峰值。

要做体验设计，必须从行为经济学的角度去理解人做决策的系统 1 和系统 2，五感与直觉时时刻刻影响着消费者的决策。心理学定律告诉我们，人类没有想象中那么理性。我们又提到消费者的四种角色，消费者的角色不同，时钟不同，接收信息的方式与速度也不同。我们可以善用系统 1 与系统 2 去影响“路过者”和“探询者”，让“使用者”变成“传播者”。

后来我们又讲了情感需求，人买东西，说到底都与情感需求有关。在洞察篇的最后，我们分享了两种挖掘 MOT 的方法。第一种方法，就是从信息中挖掘 MOT，先问消费者怎么形容这个品牌，再问他为什么他的感觉是这样，这个“为什么”就是MOT。

第二种方法是“三种人，找对人；四维度，侧重点；28个洞察点，问对题；运用焦点小组座谈会挖出MOT”。我们列举了四个维度的28个洞察点，你可以在焦点小组座谈时制作成访谈大纲，请教消费者。我们的经验是，如果没有先挖出50个MOT，你很难在最后挑出最重要的8个。

挖出MOT之后，我们就进入落地篇。在羊奶粉的案例中，我们提出BTA的概念，要先找对BTA并打透，再进入主战场，讲到选择BTA的四大原则，BTA一定要能带来裂变。然后我们讲了选择MOT的9个原则，同时讨论了是先有TA还是先有MOT的议题。

讲完品牌轮的两个组件TA、MOT之后，我们讲了如何选择品牌信息的四大思维，即一原则、三个圈、四句话、多维信息。在这一章，我们特别提到，信息要深化，就是理解消费者对关键词的联想，利用体验设计中的启动效应，将信息打透。

之后利用品牌轮将三组件组合起来，目的就是让消费者自己为品牌贴上标签，让品牌产生商业价值。那么要怎样运用体验设计呢？我们讲到体验设计的 12 个落地点与 18 格窗体，讲到如何让消费者“始于迷惑、限于套路、终于习惯、传于印记”，又分享了体验设计的原则。

如果用一句话来形容体验设计，那就是“导演一场让用户会爱上你的戏，你卖的不是咖啡”。洞察消费者固有认知的系统 1，打破刻板印象，产生峰值，让客户为你的品牌贴上标签，攻占他们的心智，留下印记。

最后，我们提到如果你要落地，最重要的就是内部要达成共识，我们分享了落地的 10 个步骤，包括必须让同事懂得什么叫 MOT，领导者要带头，先获得小成功，这样才能真正促成落地。而 MOT 的选择跟你的商业模式有很大的关系，它体现了你的商业底层逻辑。

希望本书能让你转换视角，发现一个新世界。

写作本书，也是我人生的一个关键时刻。